A. LAURIS

Au Clair Pays de l'Incanto

PARIS (XIIIᵉ)

ÉDITIONS DE LA PENSÉE LATINE

134, rue Broca, 134

AU CLAIR PAYS DE L'INCANTO

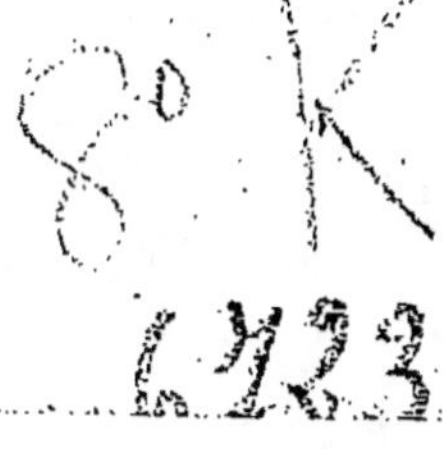

A. LAURIS

Au Clair Pays
de l'Incanto

PARIS (XIIIᵉ)
ÉDITIONS DE LA PENSÉE LATINE
134, rue Broca, 134

MCMXXIX

Les planches dont ce volume est illustré
exécutées par la **PHOTOGRAVURE DES PYRÉNÉES**
d'après 20 clichés de l'auteur
sont dues à la toute gracieuse collaboration
de Monsieur E. **RENOUX-BARÈS**
que je prie de trouver ici
l'expression de ma vive gratitude.

Dans le *Rayonnement* de nos belles heures passées ;

Dans l'*Espoir* ensoleillé de nos beaux jours à venir ;

Imprégnées dans son parfum,
Baignées de sa lumière,

A la chère Italie
ces pages sont dédiées.

PRÉFACE

En avril 1926, lorsque vint à Paris le grand acteur Ruggero Ruggeri, l'inoubliable Hamlet latin, bien peu d'italianisants dans notre capitale eurent la joie de savourer ce régal dramatique. Il en fut de même lorsque nous eûmes le plaisir d'applaudir Emma Grammatica ou Ermete Zacconi. L'an passé, la « Belle Endormie », de Rosso di San Secondo, traduite par ce fervent des lettres italiennes qu'est notre érudit Alfred Mortier, ne réunit qu'un petit nombre de spectateurs, et les représentations données par de Sanctis étaient annoncées trop tard pour permettre à tous ceux qui désiraient les suivre de se rendre à l'Odéon. — Or, si le public parisien reste clairsemé, c'est parce que, fort chevaleresquement sans doute, mais malheureusement pour l'Art, les organisateurs de ces représentations dédaignent d'employer les moyens qui font réussir tant d'œuvres moins que médiocres, et ne sacrifient pas suffisamment à la toute-puissante publicité.

Que la Mère Italie ne nous croie pas indifférents. Les fidèles qu'elle compte en France sont plus fervents que partout ailleurs : mais ils sont disséminés. S'ils pouvaient parvenir à grouper leurs forces, si *les initiatives personnelles se donnaient libre cours, que de préjugés tomberaient sous le poids de leur propre et grossier ridicule ! Que de malentendus seraient dissipés, que de sympathies s'épanouiraient, au chaud soleil de la confiance mutuelle !*

Et comme il n'est pas de matériaux qui ne contribuent à la solidité de la plus imposante construction, à l'harmonieux et grandiose édifice de l'amitié franco-italienne j'ai voulu porter mon grain de sable. Notes écrites au jour le jour, au cours de six voyages que je fis outremonts, — ou glanes recueillies au champ du souvenir, par nos soirées de morne hiver, évoquant les aromes, les couleurs, les visages de là-bas. — J'ai noué ma gerbe et je la porte aux pieds de la très chère Italie, Clair Pays de l'Incanto, avec les parfums d'une âme qui chérit Dante et d'Annunzio, la gloire antique et celle du Risorgimento, — en témoignage d'admiration pour la grandeur passée, d'espoir confiant dans un lumineux avenir.

A. LAURIS.

Paris, Pentecôte, 1928.

CHAPITRE PREMIER

AU FIL DES JOURS

Pourquoi j'aime l'Italie

D'abord, pour une de ces raisons parfumées de tendresse, qui sont les meilleures de toutes, parce que : « la raison ne les comprend pas. »

En 1913, voyageant en Lombardie, j'eus un vague malaise ; un de nos amis m'avait dit au départ : « Alors, vous allez voir les amis des Prussiens ? Vous pourriez aussi bien acheter des fusils pour tirer sur nos petits soldats. » Comment ne pas aller au rendez-vous séduisant ? l'Italie m'attirait par tout l'amour de ses yeux enchanteurs. Je partis quand même.

Germania réussit à déshonorer le Lido de Byron, par l'exhibition de ses hôtels en toc, et de ses grossiers bonshommes aux panses rebondies, qui, étalés au soleil, faisaient sécher les laides rotondités de leurs maillots roses. Mais Germania n'a pas eu Venise où la *Merceria* ne cessa jamais d'arborer les dernières modes de Paris, et si les Vénitiens ont encore à cœur le grief de Campo-Formio, c'est avec le secret désir que nous le leur fassions oublier. A Milan, vaillant soldat du Risorgimento, il fait bon être Français, et le grand Napoléon de Canova qui vous accueille dans la cour du Musée Brera proclame

la reconnaissance italienne pour les armées de Mas-
séna.

Quand je pus mieux juger ces êtres vibrants et
mobiles, dont j'ignorais alors la langue, mais avec
lesquels le sourire, les jeux de physionomie et quelques gestes, suffisent pour se faire comprendre
mutuellement, j'écrivis bien vite à notre ami : « Ces
gens-là se battre contre nous ? Jamais. La Triplice ?
lettre morte, vous verrez. »

En effet, nous avons vu. Mais il y a là de part et
d'autre des malentendus à éclaircir ; les deux peuples
ne s'apprécient pas autant qu'ils devraient le faire.
Il y a encore des méfiances que nos ennemis s'ap-
pliqueront à cultiver, soyons-en sûrs. A nous, Français, de nous disculper et de dissiper les ombres ; il
y a là un intérêt vital pour les deux nations. France
et Italie, on ne le répétera jamais assez, forment un
bloc de plus de 80 millions d'habitants, qu'unit une
communauté multiple de race, de pensée, de sentiment, de culture. Cette masse est le contre-poids
logique au bloc germanique des empires centraux,
dont les pensées, les sentiments, la culture, sont
diamétralement opposés. De plus, Italie et France se
complètent admirablement, au point de vue écono-
mique : notre alliée a la main-d'œuvre qui nous manque ; et nous avons la matière première dont elle a
besoin.

Les deux peuples n'auront qu'à gagner à rendre
cette union plus intime. Le peuple italien est d'une
sobriété proverbiale, il se satisfait de peu, et nul ne
sait mieux que lui savourer la joie qu'il y a dans un
rayon de soleil ou dans un coin de ciel bleu. Notre
peuple, à nous, plus exigeant, plus frondeur, a moins
d'insouciance, une plus grande préoccupation des

matérialités de la vie, moins d'aile, sûrement, mais plus de solidité, ce qui est précieux à l'occasion.

« L'Italien mendie volontiers. » Ceux qui généralisent ainsi sont mal informés. Qu'on n'oublie pas ce que fut la tragique histoire de l'Italie, depuis les invasions ; qu'on veuille bien se rendre compte de l'intérêt qu'avaient les dominateurs, Tedeschi ou autres, à avilir le peuple et à cultiver ses bas instincts, et l'on comprendra pourquoi il y a encore des mendiants à Naples et à Venise, alors que les fiertés lombardes, toscanes ou romaines ne les supporteraient pas. Les mendiants qui suivent les Pardons bretons ont-ils la même excuse que ceux-là ?

Autre reproche, pas plus justifié : un certain manque de franchise, très gênant pour établir des rapports suivis. Mais qui dit que cette apparente duplicité n'est pas un mélange, fort logique, de finesse native et d'instinct défensif, exagéré peut-être, mais bien naturel ? L'Italie, champ de bataille de l'Europe, souillée, spoliée, trompée par les envahisseurs, n'eut, à bien des reprises, que deux partis à prendre : ou se soumettre ou ruser. Quand l'intention finale est juste et qu'il s'agit de la vie d'un peuple, l'action, quelle qu'elle soit, ne vaut-elle pas toujours mieux qu'une noble résignation ? Faisons disparaître les motifs de défiance, il n'y aura plus de raison de se tenir en garde, et la cordialité s'épanouira joyeusement.

*
* *

Au mois d'août 1913, quittant Vérone où nous avions eu la joie d'assister aux fêtes du centenaire de Verdi, le train nous emmenait vers Padoue la tranquille, qui semble noyer en des flots d'oubli serein les fantômes sanglants de sa tragique histoire. Une lourdeur d'orage enveloppait d'un manteau pesant les plaines engourdies d'où s'exhalait un souffle chaud. Luttant contre le sommeil, résistant tant bien que mal aux cahots du tortillard brutal qui nous jetaient sur les parois du wagon, nous rêvions vaguement, en silence. Je revoyais la fête de la veille, la délicieuse cité médiévale en liesse, une foule compacte dans les rues, les installations de fortune, des tables de restaurants au milieu des places, des lits dressés un peu partout, dans les corridors, les salles de bain, sur les balcons, sur les terrasses, — puis, les fanfares d'Aïda me sonnant à la tête, l'arène immense et ses 40.000 spectateurs. — Venus des quatre coins du monde, assis dans un religieux silence, touristes élégants ou voyageurs effacés, il y avait là beaucoup d'Anglais, la casquette sur la tête et le cigare à la bouche, « en voisins » ; des Boches, beaucoup de Boches (trop de Boches), l'insupportable petite plume au feutre verdâtre ; des Autrichiens très aimables, des Flamands à la fois flegmatiques et exubérants ; des Levantins, des Argentins, des Brésiliens, le sourire aux lèvres ; des citoyens de la libre Amérique, bons enfants remuants et désinvoltes ; tous, contents de voir en ces pays de soleil beaucoup de joie, beaucoup de fleurs, et beaucoup de femmes. Peu de Français, hélas ! trop peu !

Les sons gutturaux, les fortes aspirations, les voix métalliques se heurtaient en un ramage de Tour de Babel. — Nous nous amusions à distinguer de loin, dans la foule, les « Latins », sans les entendre, rien qu'à les « voir » parler. Pas de gargarismes : des articulations nettes et souples ; les mots volent comme des oiseaux sur les lèvres qu'ils effleurent ; des jeux de physionomie plus expressifs que des sons.

Et, le train nous ballottant toujours, je songeais à Verdi, à cette vie pleine, harmonieuse, mouvementée d'artiste et d'homme politique, qui, à 80 ans, composait Falstaff en quelques jours. Les Italiens célébraient le patriote autant que le musicien, mais tous les étrangers n'étaient venus à Vérone que pour fêter l'artiste : « La Véritable Internationale, pensai-je, la voilà : c'est l'Art ».

La chaleur était de plus en plus lourde ; un demi-sommeil pesant nous engourdissait le corps et l'âme. Le train s'arrêtait, puis repartait ; les noms des stations s'égrenaient dans le silence : San-Martino, Caldiero, Lonifo ; nous n'y prêtions aucune attention. Et voici qu'à 32 km. de Vérone, en une toute petite gare perdue dans la nuit, le train s'arrête et nous sursautons. Plus de sommeil, plus de fatigue : l'employé criait nonchalamment, d'une belle voix chaude et indifférente, comme il l'avait crié vingt fois hier, comme il le crierait vingt fois demain, comme il aurait crié Pontoise ou Saint-Flour : Montebello !

Montebello ! Les syllabes sonores et pleines résonnaient dans le silence, et l'inflexion finale semblait les prolonger en écho. — Je me dressai à la portière... une nuit d'encre. — Mais une bouffée de fierté me montant à la tête, je vis en un ciel d'épopée nos soldats à nous, et nos drapeaux claquant au vent des collines Euganéennes.

L'Internationale ? Allons donc ! Parmi tous ces gens de Vérone, il n'y avait que quelques Français. Mais, c'est certain, l'hommage de ceux-là, plus que

tout autre, dut aller au cœur vibrant du soldat du
Risorgimento.

Spectacle émouvant, que cette foule cosmopolite,
qui célébrait la veille à Vérone, l'artiste et le
patriote. — Mais de voir tant d'Anglais, tant de
Tedeschi (trop !) tant d'Américains, tant de gens de
toutes nationalités, (et si peu de Français) clamer
leur enthousiasme sur les gradins des arènes, une
jalousie me mordait le cœur. Aucun de ces gens ne
devait subir le charme de cette nuit merveilleuse
comme nous, latins aussi, dont le ciel plus pâle est
bien aussi clair, et nul, cela j'en ai la certitude, ne
savait admirer le vibrant patriote autant que nous,
les fils des soldats de Magenta et de Solférino. De
l'hommage de tous ces peuples, nul ne pouvait être
plus doux au cœur de la Mère Italie que notre hommage à nous, ses fils spirituels et ses libérateurs. Ne
laissons pas prendre notre place, à la table sainte. Il
faut qu'au Banquet sacré de lumière et d'amour où
sa Beauté convie le Monde, la France soit le convive
le plus près de son cœur, celui dont la tête repose sur
sa poitrine, comme Jean reposait sur l'épaule du
Christ.

VÉRONE
Loggia della Signoria et Statue de Dante

QUARTO
Monument aux « Mille »

Génie Latin

Dans le jardin du Palais-Royal, sous le torride soleil de Juillet, j'ai cru vivre réellement le conte délicieux de Daudet, et voir, en la personne du sympathique ambassadeur d'Italie, le révérend dom Balaguère en train de dire sa troisième messe basse. Il s'agissait d'inaugurer le monument élevé au Génie Latin. Le dévoué comte Bonin-Longare semblait très convaincu, scandant les phrases de son habituel balancement de tête. Ce qu'il disait devait être très beau, comme les paroles que prononcèrent M. de Peralta et M. Barthou. Naturellement, nous avons tous applaudi, non sans regarder piteusement la belle carte bleue qui nous autorisait à rôtir assis, tandis que la foule, ne pouvant pénétrer dans l'enceinte, avait la facilité de se placer à l'ombre, pour recueillir des discours... à peu près autant que nous.

Par-dessus la pelouse, le Génie Latin avait dû entendre, lui ; mais il se gardait bien d'applaudir. Il semblait assez gêné de sa nudité, de sa blancheur resplendissante, en ce cadre discret et si harmonieusement patiné. La patine lui viendra, c'est entendu, mais si nous avons dès aujourd'hui la certitude qu'il ne grandira pas, nous devons constater, hélas! qu'il sera toujours trop grand. Réellement, il souffre de dominer du torse ou de la tête les étages supérieurs des bâtiments qui l'environnent, et tout ce que cette position gênante a d'anormal et de « pas latin » met une ombre de mauvaise humeur sur son mâle visage.

L'œuvre du sculpteur Jean Magrou est-elle belle? Depuis quelques années nous sommes gratifiés de tels navets, et en telle surabondance, que les nouvelles productions de la statuaire n'obtiennent tout d'abord qu'un regard féroce, seraient-elles dignes de Phidias ou de Praxitèle. Cet athlète, calme et puissant, appuyé sur le faisceau des licteurs, et portant de la main droite une Victoire ailée, a quelque chose d'équilibré, de solide et d'envolé. La Louve romaine du bas-relief achève de lui donner sa haute signification. Partout, peut-être, il me plairait. Ici, il choque.

Oh! Les leçons d'harmonie de Versailles, de Fontainebleau, de Chantilly! Les blanches statues discrètes s'harmonisant avec les lignes de l'architecture qu'elles complètent! La merveille du monde, en ce genre, c'est l'incomparable Colleone de Verrochio et de Leopardi. Ce groupe équestre dont le Louvre possède une réduction (collection Thiers), devait s'élever place Saint-Marc. La cité des eaux accepta le legs du condottière, mais se refusa à encombrer la piazza, et le Colleone se contenta du Campo San-Zanipolo. Il ne doit pas s'en plaindre. Venant de la Scuola San-Marco, l'effet est saisissant : il chevauche dans l'azur, ses yeux d'épervier dardés vers les Terres Fermes, sa moue énergique s'accusant de profil ; il va devant lui, irrésistible, à la conquête des étoiles peutêtre, ou jusqu'à ce qu'il rencontre son confrère de Padoue, le Gattamelata de Donatello.

Le goût moderne du colossal n'a rien de latin. On pourra nous crier très haut que le « Paris » de Bartholomé est un chef-d'œuvre. — Tant que cette virago fera tache sur nos délicates Tuileries, tant que, de ses gros pieds à angle droit (l'exquise pose féminine !) elle semblera fouler les bégonias des parterres, tant qu'elle étreindra sa... (j'allais dire schlague) à la façon d'un dompteur, bombant des seins qu'elle exhibe à outrance, quelque chose sera rompu dans l'harmonie de Paris, de notre Paris où l'on était si bien en famille pendant la guerre, lorsque, les froussards s'empilant à Bordeaux ou sur le front de Perpignan, on prenait le thé dans les caves les soirs de gothas ; — de notre Paris discret et silencieux où, au lendemain d'un raid, les femmes préparaient des colis pour le front, et, sans se croire pour cela héroïques, écrivaient d'une main qui ne tremblait que pour ceux d'Argonne ou de Champagne : « Moi aussi j'ai dormi au bruit du canon. »

*
* *

Quant au « Génie Latin », l'Avenir devait nous donner satisfaction : Légèrement reculé vers la partie Nord du jardin, il s'harmonise maintenant avec les lignes des parterres et l'architecture des galeries.

L'Etoile

Le 5 Mai 1915, au pied de la statue de Garibaldi, à Quarto, près de Gênes, Gabriele d'Annunzio électrisait la foule assemblée pour commémorer l'anniversaire de l'expédition des Mille.

La presse française applaudit et commenta en son temps le discours de l'ardent patriote : il était digne de la grande mémoire qu'il évoquait, digne de l'auteur des incomparables « sonnets à la France » si vibrants de lyrisme, — digne enfin de cette grande idée que certains prétendent n'être qu'un beau rêve : la fraternité latine.

Au grincement d'un trolley poussif, j'ai fait le pélerinage de Quarto, quelques mois après l'armistice. Et, bien plus que le fastueux monument élevé sur une place, au tournant de la route longeant la mer, me parut émouvant le premier hommage : en contrebas, sur le rocher même, une petite étoile. C'est là même que s'embarquèrent, guidés par l'homme au visage léonin, les hardis volontaires. Ils étaient Mille qui partaient pour la Sicile, qui voulaient la conquérir, malgré Victor-Emmanuel, pour la lui donner ; — Mille qui ne songeaient pas à faire leur cour à un souverain auquel ils désobéissaient superbement ; — Mille qui n'allaient pas en quête d'honneurs et de titres ;—Mille qui s'enfuyaient furtivement, comme des contrebandiers, et qui n'avaient qu'un amour au cœur : l'unité d'un beau pays ; — Mille enfin, parmi lesquels il y avait des Français.

La pyramide est surmontée d'une étoile, celle de la Maison de Savoie. N'y a-t-il pas toujours un astre présidant aux grandes destinées ? « Non si volta, chi a stella è fisso » disait Léonard de Vinci. Et en effet, vers quoi se tournerait-on lorsqu'on a la chance d'avoir le cœur ou la pensée fixés sur une étoile ?

Les yeux au ciel, chimère ! disent les esprits forts. — Non, réalité —Les corps lumineux ne cessent pas de briller parce que des nuages glissent au ciel, et les aveugles eux-mêmes ne croient pas à la nuit éternelle. — Il est en Europe un noble peuple, infiniment riche de passé et d'avenir. Admirons-le de n'avoir pas détaché les yeux de son étoile, et que sa confiance en lui nous soit une raison d'espérer en nous. La France a trop de passé aussi, et de passé lumineux, pour laisser sombrer son idéal dans une brumeuse idéologie, ou pour renoncer à ses nobles aspirations, afin de satisfaire aux appétits immédiats d'un matérialisme décevant.

La réplique élégante

De regrettables et pénibles incidents, de Turin et de quelques autres villes italiennes, semblaient annoncer une crise du bon sens d'outremonts. Par la voix éloquente de M. Guido Mazzoni, le bon sens florentin protesta de la manière la plus délicate, et le bon sens parisien lui répondit avec l'empressement le plus flatteur.

Les plus beaux vers sont ceux qui jamais ne furent écrits. Entre amoureux les plus douces paroles sont celles qu'on ne dit point. Des douloureux incidents, M. Mazzoni ne souffla mot, mais son public avait deviné que, sous le prétexte d'honorer Dante une fois de plus, l'illustre professeur et sénateur du royaume venait resserrer les liens intellectuels entre les deux nations latines.

Lorsque, présenté par notre éminent professeur Hauvette, M. Mazzoni nous parla de Piccarda, l'amphithéâtre Turgot ne suffisait pas à contenir une foule attentive, relevant par des applaudissements enthousiastes les passages de la conférence qui soulignaient notre fraternité. Et malgré l'heure tardive et la pluie glaciale, c'est devant une assemblée fort respectable par le nombre... et la qualité, que furent commentés dans l'amphithéâtre Edgar Quinet les chants de Giustiniano et de Cacciaguida.

La portée de ces réunions me semble très haute, et j'éprouve une grande joie à penser : « Quand M. Mazzoni retournera dans son pays, il pourra dire à ses compatriotes : « Je viens de Paris où j'ai fait trois conférences en Sorbonne, un mois après que des écervelés avaient brûlé le drapeau français sur une place italienne. J'ai trouvé la cordialité la plus franche, j'ai remercié le peuple français : celui-ci ne se laisse pas monter la tête par les mauvais bergers qui ont intérêt à semer la discorde dans le troupeau. Il aime assez la nation-sœur pour oublier le geste de mauvais goût de quelques malandrins; et ce n'est pas parce qu'il a vu certains mioches mal élevés faire des pieds de nez qu'il sentira diminuer son affection pour la grande famille italienne. A Paris j'ai porté le salut de l'harmonieuse Florence. A Florence, je rapporte le salut tout cordial et gracieux de Paris. »

Il est flatteur pour nous, et réconfortant, de penser que M. Mazzoni pourra témoigner chez lui de cette nouvelle preuve de l'esprit français, fait de clair bon sens, de pénétration fine, et du sentiment de la mesure. De chacun de mes voyages en Italie, j'ai rapporté l'impression très nette que ce que l'on apprécie peut-être, ce que l'on craint sûrement, ce que l'on comprend rarement, c'est notre esprit. On confond notre ironie avec la légèreté, la malveillance même. Personne ne semble voir que nous sommes les premiers à nous railler nous-mêmes, sans pitié, et que souvent nous nous hâtons de rire des choses... pour n'en pas pleurer. On n'a pas saisi le sens de cette larme que Cyrano écrase sur le nez légendaire pour ne pas profaner la suprême beauté des pleurs. Et dans le théâtre exquis signé de Flers et Caillavet, peu semblent avoir compris pourquoi les interlocuteurs laissent échapper un bon mot lorsque l'émotion les gagne. Légèreté ? Indifférence ? Oh ! non, Pudeur ; simplement, et la plus délicate.

La dolente élégie convenait aux sentimentales désœuvrées de 1830. Elle convient moins aux peuples qui ont besoin de l'action intense pour conserver ou reprendre leur place dans le monde. Il faut qu'on nous pardonne notre esprit, — notre soupape de sûreté, — ou que, de bonne foi, on cherche à le comprendre. S'il est critique, il nous empêche peut-être, il nous empêche sûrement de tomber dans les pièges que nous tendent les renards, et s'il modère nos enthousiasmes, c'est tant mieux ; il nous évite de faire des sottises et ménage les forces dont nous avons besoin pour montrer que nos affections sont fidèles, solides et durables.

Tandis que notre vieille Sorbonne retentissait du bruit des applaudissements, à l'autre bout de Paris, à deux pas de l'Avenue Victor-Emmanuel III, le dramatique Zacconi connaissait un succès tel que M. Jacques Hebertot lui demanda de prolonger son séjour parmi nous. Et ce succès eût, certes, été plus grand encore, si des pièces d'Ibsen et de Tourguenieff n'avaient pas occupé l'affiche au détriment d'œuvres italiennes.

Honneur une fois de plus au bon sens de Paris !

Amende honorable

Tandis que le 12 janvier 1923, le sénateur Rivet
souhaitait la bienvenue à son Excellence le baron
Avezzana, nouvel ambassadeur d'Italie, je faisais,
tout bas, amende honorable.

Moi aussi, j'ai couru l'Italie en profane. Quand,
pour la première fois, j'eus la joie de franchir les
Alpes, je voguais en plein azur, faisant voler çà et
là un peu de poussière séculaire, et les êtres qui peu-
plaient le décor féerique n'étaient que de vagues figu-
rants. — Je n'avais coudoyé, il est vrai, que ce que
j'appellerai la véritable *Internationale* : hôteliers,
guides et gardiens, facchini et cochers, mercantis
inévitables, estampeurs de toutes races et en toutes
langues, les mêmes en tous pays, logeant, condui-
sant, pilotant, transportant et vendant, à des prix
étrangement élastiques. Malheureux étranger tailla-
ble et pressurable à merci ! L'ombre sur le tableau.

La guerre passée, il me fut donné de poursuivre
mon rêve. Les choses longuement désirées, longtemps mûries, passionnément aimées dans l'attente
imprègnent l'âme à jamais. L'Italie n'était plus pour
moi le romantique décor entrevu jadis ; c'était le
cadre auguste d'une beauté régénérée, militante et

souffrante, pleine de confiance en l'avenir. Du culte de la Renaissance florentine, je passai à celui de l'antiquité ; et de la vénération de Rome, à la ferveur émue pour la jeune Italie.

Ames sensibles qui pleurez Desdémone ou Juliette au tombeau, cessez de jeter des fleurs ; celle que vous cherchez n'est point morte. Elle s'est dressée debout, dans la lumière, le front ceint du « casque de Scipion ». Ce n'est pas la nymphe anémique de Botticelli, certaine vague figure léonardesque, une coquette Vénitienne de Véronèse ou de Tiépolo, quelque sainte plantureuse et pâmée de Carrache ou du Guerchin. C'est une belle fille saine et robuste, qui rit de votre amour, des tarentelles périmées et des sérénades en gondoles. L'étoile de Savoie au front, elle marche d'un pas ferme. De sa baguette magique, elle fait ruisseler la houille blanche, et courir les chemins de fer ; elle dessèche les marais, lance des ponts, élève des usines, et plante des choux dans la campagne romaine.

Prosaïsme, dira-t-on ? Plus fécond, certes, qu'un lyrisme fumeux. Sur le chemin de Frascati, au long de la Voie Appienne, une vigne vient d'être plantée par une coopérative d'anciens combattants : jamais la coupole de Saint-Pierre ne m'apparut plus belle qu'au travers de ses échalas.

Profanation ? — Pourquoi ? Les ruines du Forum ne doivent pas faire oublier celles du Piave et du Carso ; la meilleure façon d'honorer les morts de notre temps et des siècles passés, c'est d'adoucir le sort des héritiers de leur gloire ; et le Maître n'a pas dit : « Elevez mon temple au milieu du désert », mais : « Allez à ma vigne, et travaillez ! »

La noble Italie moderne travaille avec ardeur, et

s'irrite de voir son immense effort si peu compris. Ames sensibles, séchez vos larmes ; celle que vous prétendez aimer n'a que faire de votre admiration bêlante. Ce qu'elle veut, c'est être connue plus à fond, pour être appréciée plus dignement, afin d'échanger avec vous le beau regard droit de ceux qui marchent vers le même but clair, la poignée de mains loyale et vibrante de deux êtres qui s'estiment profondément, et qu'unit à jamais l'inaltérable amitié féconde et forte, comme l'amour.

La lampe merveilleuse et l'« Incanto »

Lorsque — après deux siècles de royauté, six siècles de république, et quatre siècles d'empire — Odoacre envoya Romulus Augustule, le fantôme d'empereur, dissiper en Orient son ombre de vie, la lampe se détacha de la voûte où des générations de conquérants et de civilisations l'avaient suspendue, et l'huile s'épandit sur les degrés du temple.

Alors, Théodoric le Goth, qui vivait à la cour byzantine de Léon l'Isaurien, la releva pieusement, et chassant l'Hérule, la suspendit aux voûtes sombres de Ravenne, où Justinien devait raviver sa flamme et la faire rutiler sur les mosaïques de San-Vitale et des deux Sant'Apollinare.

Une, quant à sa flamme, comme la Divinité, elle est multiple en ses formes, et multiple infiniment.

C'est elle qui scintille au tombeau de la bergère parisienne arrêtant l'élan d'Attila ; c'est elle qui veille, à Aix-la-Chapelle, sur le tombeau de l'empereur à la barbe fleurie, héritier des Césars et de leur tâche ; c'est elle que les Croisés allèrent suspendre au Saint-Sépulcre ; elle qui, sous les ogives de notre Reims martyre, éclaira le front de la Pucelle libératrice ; c'est sa clarté qu'entretenaient, dans le cadre fleuri de Florence, les humanistes chassés de Constantinople ; c'est sa lueur qui brille aux yeux profonds de la Joconde, sa flamme qui court dans les veines du Moïse, et qui embrase l'Assomption du Titien. Dans son rayonnement cisela Cellini, et se déploya le collier unique au monde de nos châteaux de la Loire. Suspendue au dôme de Pise, elle éveilla l'esprit de Galilée enfant, et prépara sa découverte des lois de la gravitation. D'elle jaillit l'étincelle du génie de Corneille et de l'Alfieri, de l'esprit de La Fontaine et de Goldoni, du charme de Latour et de Tiepolo, — Rouget de l'Isle et Mameli, Berlioz et Verdi, Saint-Saëns et Puccini lui doivent leurs inspirations sublimes ou gracieuses. C'est elle qui éclaira les va-nu-pieds de Jemmapes et les héros du Risorgimento. Elle enfin qui veille sur le marbre rouge des Invalides, et rappelle que le Conquérant porta aussi la liberté et prépara 1859.

Je l'ai vue à Ravenne, la Lampe merveilleuse, au tombeau de l'Alighieri, alimentée par Florence repentante. L'huile est contenue dans une ampoule d'argent ciselé que soutiennent trois femmes élégantes et fines : Trieste, le Trentin, la Dalmatie ; à leurs pieds, Fiume, filet étroit, comme ces lacs d'amour des antiques « emprese ». — Je l'ai vue au Quarto, sous la forme de l'étoile, pareille à celle des Rois Mages, surmontant l'écueil héroïque. — Je l'ai vue, à la Superga, dominant Turin, dans la chapelle où repose « le Saxon de Savoie » qui devait réaliser l'unité italienne. Et je la vois chaque soir, sous notre Arc de Triomphe, quand le couchant embrase la voûte sous laquelle dort le « Soldat inconnu ».

C'est bien la Lampe merveilleuse d'Aladin « qui procure par degrés, à ceux qui la possèdent, les perfections convenables à l'état auquel ils parviennent par le bon usage qu'ils en font ». La princesse, ignorante, peut être tentée de l'échanger contre une lampe neuve. Le magicien, savant et méchant, en fera mauvais usage et ne jouira pas de ses bienfaits. Mais à l'homme avisé, qui a le sens de la mesure, qui sait graduer et modérer ses désirs justifiés, la Lampe magique prodiguera ses trésors et le génie dira : « Me voici prêt à t'obéir, comme ton esclave. »

O ! Lampe merveilleuse ! C'est ta vertu qui fit bondir les ondes jumelles de la Marne et du Piave ! C'est à toi que nous avons dû les deux plus hauts miracles, aux heures décisives de la Grande Guerre. Puissent les deux sœurs te conserver jalousement, ô vieille lampe de l'antique génie latin, et n'être pas follement tentées de t'échanger contre le fatras barbare d'une philosophie germanique et brumeuse, ni contre le mercantilisme étroit ou le brutal utilitarisme d'outre-mer.

*
**

> « Ed, ecco la divina Isotta con
> l'amante superbo cui propizia
> Pallade fu nell' infiammata lotta. »
>
> G. D'ANNUNZIO.

L'âme d'un peuple se révèle dans les petites choses. En Rhénanie, je prenais un malin plaisir à contempler les devantures des boutiques. Je n'oublierai jamais certaine jambe, sectionnée au-dessus du genou, posée le pied en l'air, pour montrer l'excellence du bas qui la moulait. — En des souterrains, vitrés pour qu'ils fussent visibles de l'extérieur, les caisses funéraires voisinaient avec les baignoires et les bidets. —

J'ai vu d'effarantes poupées-cosy, vêtues de couleurs lourdes, leur petite tête de Saxe émergeant d'un corsage montant. — Tout le monde connaît ici le pichet, la jardinière et le pot à moutarde en forme de tête de porc. Mais, ce qu'il y avait de plus caractéristique, c'étaient les étalages des fleuristes. Dix ou douze azalées du même rouge, la tige masquée d'un kilomètre de papier gaufré enroulé, qui les faisait ressembler à des gigots parés, montaient la garde devant de grands hortensias, tous du même blanc, rigoureusement de la même hauteur. En avant, des pots de myosotis bien tassés alignaient leurs touffes bébêtes sur une troisième ligne parallèle. Parfois, en un vase étroit, fait pour recevoir quelques fleurs en longue gerbe, cinquante ou soixante roses, du même jaune, s'empilaient tristement. — L'âme des choses mobiles et légères échappe aux Rhénans : sur les places publiques, de rares fontaines, et qui ne coulent point ; — autour des merveilleuses églises de Cologne, des cloîtres clos et vitrés comme des halls de gare...

Il n'en faut pas plus pour me faire retourner avec ivresse à ma chère Italie. Bonnes gens qui ne savez ni disposer les fleurs, ni marier les couleurs, ni vêtir les poupées, qui emprisonnez les jardins comme des malfaiteurs, et ne connaissez pas la divine chanson des eaux, allez voir les petites fleuristes de Turin disposer les œillets roses en des paniers rustiques, auprès du Palais Madame ; les marchands de pastèques de Florence débitant leurs fruits vernissés à l'ombre d'un laurier ambulant, au pied de la fontaine de Santa-Croce ; et ces poètes aux mains calleuses qui font voguer sur les lagunes les raisins d'or en pyramides, et les corbeilles plates où les aubergi-

nes, les tomates et les verts piments chantent l'hymne
à la lumière ; et les pêcheurs de Chioggia dont la
tête porte avec aisance de lourds bassins pleins de
palourdes ; et les enfants de Vérone et de Desenzano
offrant avec le sourire des anges du Vinci le cyclamen
des montagnes. Allez voir à Fiesole le cloître minuscule des Franciscains rempli de fleurs, de lumière,
et de chants d'oiseaux ; ou le grand cloître des Domi-
nicains dont les robes blanches, émergeant des carrés
de salades bordés d'iris bleus, rappellent quelque
carton de Luc-Olivier Merson. Et surtout, allez
entendre les divines fontaines de Rome : qu'elles
soient de belles vasques antiques, dessinées par Ma-
derna ou le Bernin, elles fluent, elles murmurent,
et c'est un enchantement.

L'enchantement, le charme, *l'incanto*, voilà ce qui
vous manque, braves gens, et voilà ce qu'on trouve,
à foison, de l'autre côté des Alpes. A quoi tient ce
charme ? Pas à la beauté des lignes, puisqu'il en est
souvent indépendant. Je le crois une des formes
supérieures de la beauté, plus pénétrante et plus fine,
qui ne se révèle qu'aux âmes capables de l'apprécier.

Il était une fois une femme longue et osseuse, dont
le grand visage maigre vit aux médailles de Matteo
da Pasti. Bien que les poètes l'aient exaltée, il est
certain qu'elle était illettrée, au point de ne pas
même savoir écrire. Cette femme, qui n'était pas jolie,
sut fixer pendant trente ans le plus volage et le plus
beau cavalier de Rimini, l'homme au profil d'épervier, à la chevelure abondante et laurée que sculpta
Agostino di Duccio. Pendant trente ans, cette ignorante donna des conseils éclairés à ce lettré, ce poète,
ce condottière perdu dans les dédales de la politique.
Pendant trente ans, cette fille de marchands sut

maîtriser son farouche seigneur, l'indomptable Malatesta. Elle ne portait pas la bague de Fastrade ; elle
n'avait pas même bu le philtre de Tristan, bien
qu'elle s'appelât Isotta. Elle possédait *l'incanto*.
Elle était toute intuition, toute clémence, toute
mesure, et tout amour. Quand Sigismond Pandolfe
revenait en sa Rocca tragique, rouge de meurtre ou
de bataille, elle venait l'apaiser. Ses longs doigts fins
savaient panser les blessures du corps, et ses caresses guérissaient l'âme. A Rimini, nulle voix ne s'é-
leva contre elle, et les contemporains les plus sévè-
res sont unanimes à la louer.

Le Temple de Rimini, qui n'a rien d'une église
chrétienne, c'est entendu, mais qui n'est pas plus
païen qu'un édifice baroque, ce *Tempio*, de l'Alberti,
exquis et unique au monde, ne pouvait s'élever qu'en
Italie où l'*incanto* rayonne des montagnes et de la
mer, des cités et de la langue, des êtres et des moin-
dres choses.

Devant le buste d'Isotta, au Campo-Santo de Pise,
des femmes disent : *Elle est franchement laide.* Pas
à mes yeux. Ce long visage, d'une distinction tranquille, fait songer aux doigts déliés qui pansaient les
plaies du corps et de l'âme, et la bouche mince, aux
lèvres sinueuses, semble murmurer : *d'inverno e
d'estate, da presso e da lontano, fin ch'io viva e più al
di là.*

En route vers l'Apennin

Il fut un temps où, pour voyager longuement en
Italie, il fallait avoir une foi profonde en ses amours,
et connaître réellement les *véritables* Italiens, pour
ne pas quitter immédiatement Milan et retourner à
Modane avec armes et bagages. Depuis le *facchino*
qui faisait deux pas avec vos valises, l'employé qui
les enregistrait, le restaurateur qui vous faisait jeûner
pour le prix fort, l'hôtelier qui, à prix d'or, vous louait
un mauvais lit — et le *cameriere* qui exigeait 20 o/o
pour ne rien faire du tout — il fut un temps où tout
en Italie — jusqu'aux Municipalités qui fermaient les
musées pendant deux ou trois mois, en pleines
vacances, pour cause de « Congé du Gardien », *tout*,
êtres et choses, semblait faire partie d'un syndicat
géant dont le but devait être l'exploitation et la
« beffa » du touriste. Au lendemain de la guerre, il
fallait vraiment de la persévérance pour mener à bien
une randonnée de plusieurs mois dans un pays où
chacun suivait son agréable fantaisie ; où les chau-
dières des locomotives n'ayant à digérer que des sou-
ches de genêts ou d'ajoncs, les trains suivaient les
horaires les plus fantaisistes.

« Signor, prego, à quelle heure le train pour Mon-

selice ? avons-nous demandé un soir à quelque chef
de gare de la région de Ferrare.

— Soyez là vers neuf heures.

— Neuf heures ? Mais, l'horaire indique sept heures...

— Oui... mais le train n'arrive jamais avant neuf. »

Un autre jour, c'est devant Pise que nous restons
cinq heures, sans oser descendre du train qui peut
repartir d'un instant à l'autre ; rien de plus comique,
d'ailleurs, que les voyages ainsi compris. Tantôt la
machine court vertigineusement : c'est un élève frais
émoulu d'une école du gouvernement qui la mène.
— Tantôt l'allure est celle d'un bienheureux tortillard breton ; c'est un grave ingénieur de la compagnie qui manœuvre. — Car les professionnels sont en
grève, abandonnent le convoi lorsque bon leur chante,
et le public ne peut compter que sur les volontaires.
Au long des quais de gare, des chemises noires bien
alignées. — Doublant les cordons de troupes lors des
cérémonies publiques, une guirlande de chemises
noires... ce qui nous faisait dire à nous autres Français qui avons le déplorable travers de rire de tout :
« Il y a donc ici un État dans l'État ? »

Ce pittoresque *état* de choses florissait particulièrement en Romagne et dans les grandes villes de Lombardie et ce fut sans chagrin que nous quittâmes la
somptueuse Milan où seuls les gardiens du Castello
Sforzesco se montrèrent aimables — comme d'ailleurs tous les gardiens de Musées avec lesquels nous
fûmes en rapports en Italie. — Quant à la trop riche
cathédrale, je constatai une fois de plus qu'elle ne me
faisait pas éprouver la moindre émotion. — Cette
année-là nous n'emportâmes de la capitale lombarde
que le très vif regret de n'avoir pu renouveler nos

impressions de l'Ambrosienne ou de la Brera dont les portes étaient rigoureusement fermées.

*
* *

Bien plus attachantés sont les petites villes que ne dénature pas le cosmopolitisme, choquant pour le touriste comme une fausse note dans une symphonie. — Dès notre arrivée à Parme nous respirâmes avec joie dans une atmosphère de sympathie, de cordialité. Plus riante est la campagne, plus striée de peupliers tremblants, de saules en bouquets ponctuant les rivières. Des ondulations commencent, très douces vers le sud-ouest, et, peu à peu vont s'élevant, de plus en plus vers Modène, et de plus en plus vers Bologne. Des deux côtés de la voie ferrée, les vignes étreignent les ormeaux qui soutiennent leur faiblesse, étendent leurs bras pesants comme pour offrir, en un grand élan, toute la richesse et la joie de la terre féconde. Et tandis que le train court, à perdre haleine, on croirait voir entre les saules des rondes de rieuses Bacchantes, se lutinant et agitant leurs bras souples.

*
* *

Et c'est aussi les bras tendus que Parme nous accueille : l'immense monument à Verdi déploie son arc de cercle face à la gare ; sous la double rangée de colonnes où rêvent Aïda, Desdémone et leurs sœurs, il fait bon déguster les pastèques roses, tandis que le soleil rougeoie sur la place ; aussi le bon peuple ne se gêne guère pour venir y faire la sieste, honorant à sa manière le Maëstro qui fut toujours doux aux petits.

Parme est pesante, Parme est plate, Parme a tout pour me déplaire. Et pourtant, le souvenir que j'en emporte est très ému, très pénétrant. Parme ne se livre pas, et qui vient la voir en évoquant la « Chartreuse » sera déçu. Mais celui qui ne fait que sourire de la mystification de Stendhal, et vient la voir *pour elle-même*, ne s'en repentira pas.

Pour un Français, elle offre parfois certains imprévus sans charme..., d'une mélancolie plutôt déprimante : dans l'église de la Steccata, un tombeau de marbre blanc, poli comme un miroir, sur lequel on voit pêle-mêle un shako, des armes, un cheval qui pleure son maître, couvre les restes d'un quidam qui s'appela « comte de Neipperg ». Près de là, dans l'église San-Giovanni, la première chapelle de droite abrite une bonne vieille dame qui, entre deux paquets d'anglaises vénérables, sourit au malheureux qui lui baise la main, à la fillette agenouillée devant sa bienfaitrice. L'épitaphe de ce monument de goût sensiblard nous avertit que nous sommes en présence de la Comtesse Alberta Sanvitale-Montenuovo, née en 1817, morte en 1867. — Combien ce nom obscur dit le néant des grandeurs humaines! Cette Alberta, née en 1817, *deux ans juste après Waterloo*, alors que l'Aigle était à Sainte-Hélène — et l'Aiglon, son frère, (oui *son frère*,) à Schœnbrunn, n'en dit-elle pas long sur sa mère, la triste poupée qui fut toujours au-dessous de sa destinée, et dont le caprice d'un Héros — ou les nécessités de sa politique — avaient fait sept ans plus tôt notre Impératrice Marie-Louise ?

Heureusement, San-Giovanni nous réservait d'autres impressions. A l'arc des voûtes, d'exquises figures du Parmesan sourient entre leurs cheveux mousseux, et la ravissante *Incoronata* du Corrège, les bras

croisés sur la poitrine, dans un élan d'amour respectueux, reçoit la couronne si fleurie, si fraîche, qu'on
en croirait respirer le parfum.

Corrège n'a pas peint des visages, il n'a pas peint
des draperies : ses ravissantes créations sont faites de
lumière et de fraîcheur, qu'elles nous versent. Les
beaux visages pleins et doux reflètent les lueurs des
couchants, les cheveux ont des reflets d'ambre, les
ombres sont transparentes et veloutées. La douceur
pénétrante des gestes, leur tendresse émouvante, et
sans la moindre mièvrerie, ne s'exprimèrent jamais
mieux que dans la splendide Vergine della Scodella,
la Madonna di San Girolamo avec la Madeleine si
émouvante — œuvre exquise appelée souvent en
Italie « Il Giorno » — Corrège travaillait comme on
aime : avec le cœur.

Une oasis peu connue à Parme, c'est une très petite
salle qui faisait jadis partie du vieux couvent de San-
Paolo, aujourd'hui annexé à l'Ecole Normale. —
Une abbesse très éclectique, donna Giovanna, d'une
riche maison de Plaisance, séduite par le charme du
Corrège, lui demanda de venir travailler au couvent :
sous une voûte de feuillage onduleuse et légère où
les guirlandes vertes s'enlacent en un balancement
très doux, des *putti* gambadent, tirent de l'arc, taqui-
nent une tête de gros gibier, sonnent du cor, tandis
que Diane, leur déesse, rit à sa cour enfantine. Je ne
sais pas si Corrège orna d'autres salles : au milieu
des platras, nous n'avons pu voir que celle-ci, qui vaudrait à elle seule qu'on s'arrête à Parme.

Le soleil est de plomb : le Dôme de briques som-

bres paraît boire avidement la lumière, et le baptistère dresse, rigide et brune, sa masse octogonale,
à vrai dire peu attirante. Mais le *Custode* nous guette
et nous fait signe d'entrer. Pourquoi craignons-nous
une déception ? Dès le seuil, l'enchantement commence : entre les colonnes légères dont les deux
étages se superposent au-dessus des voûtes en plein
cintre, un monde de statuettes fourmille : saints en
prières, anges en extase, animaux fantastiques, signes
du Zodiaque, alors que les voûtes et les arcades sont
peintes à la manière de Giotto. Doucement le soleil
filtre par les fenêtres étroites : on croirait feuilleter
quelque missel géant décoré avec amour par de vieux
et patients moines, pour qui l'*œuvre* demandait toute
la Vie. Au centre, d'un seul bloc, une belle cuve
pour le baptême par immersion. Dans un angle,
une petite cuve où furent baptisés, comme le sont
tous les enfants de Parme, l'impératrice Zita et sa
famille. A l'angle opposé, l'orgue minuscule qui frémit plus d'une fois sous les mains de Verdi. Le tout
imprégné d'un parfum d'intimité, d'un charme tout
particulier. Et tandis que nous regardons les peintures du xiii° siècle, parfaitement conservées, qui ornent
la voûte, un détail architectural nous frappe : les
côtés de l'octogone sont inégaux ; une face étroite faisant suite à une face beaucoup plus large, la voûte
s'incurve avec la mollesse d'une carène de vaisseau,
donnant à l'ensemble une grâce dont nous ne nous ren-
dions pas compte tout d'abord.

Mais, las ! Pourquoi réserver pour la fin notre visite
au Dôme ! Comment retrouver le Corrège de la
Pilotta et de san-Giovanni dans l'*Assomption* de la
Coupole, si outrageusement repeinte ! Si pénible est
l'impression que nous nous hâtons de gagner la

sortie entre les deux beaux lions de marbre, accroupis et grisés de soleil. Violent et rouge sur un ciel de vitrail, le campanile s'érige ; lentement le soleil descend, et les sculptures du baptistère, éclairées de côté, se détachent avec un relief qui leur donne l'aspect de la vie. Les rameaux des colonnes légères sont détachés du fond ; oiseaux, quadrupèdes, nichent, perchent ou s'agrippent aux saillies ; des cris et des chants ne manqueront pas de jaillir quand le crépuscule enveloppera d'ombre ce monde fantastique...

*
* *

Et tandis que le jour se meurt, par petits groupes, lentement, le brave peuple de Parme se promène. Tous, vieux et jeunes, civils, prêtres ou soldats, ouvriers et ménagères, tous s'arrêtent, lèvent le nez, montrent du doigt, discutent : A coups de pioche prudents, toute la journée, des *muratori* ont mis à nu, devant la cathédrale, des arcades en plein cintre, qui furent murées de briques, je ne sais à quelle époque. — C'est un des petits jeux courants auxquels se livre notre versatile humanité : une génération passe le temps à rechercher, exhumer, restaurer, ce qu'une autre prit plaisir à démolir.

Chez les « Este »

———

Serait-ce qu'on ne vit que la nuit, à Parme ? Ces
rues où la foule, alerte et rieuse, se pressait hier à
onze heures du soir, sont désertes encore ce matin, à
huit heures. — L'express nous emporte vers Modène :
promenade d'une heure environ, entre les vignes
arborescentes aux longs bras pesants. A droite de la
voie ferrée, vers le sud-ouest, l'onduleux moutonnement des Apennins s'accentue, régulier et souple,
comme une respiration tranquille de géant. — La
fatigue de ces premiers jours de voyage, le changement de climat peut-être, nous enveloppent d'une
sorte de torpeur. Si nous brûlions Modène pour
gagner Bologne ? Les souvenirs de mes lectures ne
m'engagent guère à faire halte ici : André Maurel et
Gabriel Faure parlent d'arcades peintes donnant à
la ville un aspect de décor théâtral fastidieux, et si
les abords de la ville leur parurent accueillants, les
terres cuites de Begarelli — origine de toute la floraison de la rue Saint-Sulpice — les mirent vite en fuite.
Mais, on a de ces héroïsmes, en voyage ; nous résis-
tons au démon de la paresse, et descendons à Modène.

Longue errance, naturellement sous d'intermina-
bles arcades, jusqu'à la place du Dôme. C'est jour

de marché : le parfum des fruits mûrs s'exhale des corbeilles entr'ouvertes. Raisins nacrés, pêches de velours, pommes et poires savoureuses, prunes si fraîches qu'elles semblent couvertes de givre, voisinent avec les *zucchette* biscornues, les pastèques vernissées comme des poteries rustiques, les tomates éclatantes. Nous achetons quelques fruits, et la marchande a son plus beau sourire, pendant que le marchand nous choisit les plus belles grappes...

Il y a quelques journées comme celles-là dans toute vie : nous n'avons entendu, pendant les heures passées à Modène, que des paroles aimables ; nous n'avons répondu qu'à des gestes empressés, nous n'avons échangé que des mots de courtoisie... Rarement impression fut si harmonieuse : Jusqu'à la cathédrale qui nous semblait une vieille amie, avec sa façade sœur de celle de San-Zeno, que nous avions admirée peu avant la guerre, à Vérone.

Rien ne lasse comme les Begarelli et les Mazzoni. Laissant les théâtrales terres cuites des églises, nous nous acheminons vers l'*Albergo Arli* qui réunit, à l'extrémité de la ville l'Université, le musée lapidaire, les archives municipales, et la célèbre bibliothèque d'Este. La visite — que nous croyions rapide — nous prit toute la journée, — une journée délicieuse entre toutes.

Modène honore dignement ses fils et leurs ancêtres ; ses collections d'armes préhistoriques et d'archéologie chrétienne sont très riches ; mais toute sa tendresse semble aller vers un de ses fils, trop tôt disparu, le peintre Muzioli, dont les œuvres sont pleines de fraîcheur et de distinction. Au passage, voici d'inévitables Begarelli : il faut s'y résigner — puis une belle série d'étoffes de tous les pays, à toutes les épo-

ques, accompagnant les costumes d'apparat que revê-
taient les « principaux » de la cité lors des fêtes offi-
cielles. — Et, régal pour tous ceux que passionne
l'histoire, une collection remarquable de médailles,
de monnaies d'or, d'argent, de bronze, de tous les
états d'Italie, de la Grèce, de l'Europe — chacune
soigneusement étiquetée avec identification et dates
du personnage et de l'auteur. Nous passons des heures légères, trop rapides, dans ces grandes salles fraîches et calmes, sous l'œil paternel mais vigilant d'un
gardien très courtois qui, ravi de l'intérêt que nous
portons aux médailles, nous mène au Musée du Risorgimento.

Salle très petite, mais disposée avec un sentiment
profond de piété nationale. Ni sensiblerie, ni décla-
mation, l'effet est poignant. Sur les parois sont ins-
crits les noms des Modénais qui prirent part à l'Epopée libératrice de 1860 — et, groupés, les souvenirs
laissés par leurs familles. — Au centre, sur une
table, des trophées de la grande guerre : fusils boches,
revolvers de cavalerie, masses d'armes à pointes que
les *Tedeschi* se défendent d'avoir employées. — Très
humble, un petit album contenant les portraits des
fils de Modène tués de 1914 à 1918, pauvres petits
instantanés d'amateur, ou beaux clichés signés de
grands photographes, groupés avec piété, et réunis
dans l'égalité suprême de la mort et de l'ultime sacrifice. — Dans une petite vitrine, le fameux *puncio*
de Garibaldi, vêtement sans manches et qui se passait
par la tête. — Enfin, sur le mur de droite, sec comme
un réquisitoire, et plus pathétique que les phrases les
plus vengeresses, le procès des derniers princes de la
maison d'Este ; c'est-à-dire, sans un mot de commen-
taire, la suite de leurs bustes, avec leurs dates ; et,

au-dessous, les faits les plus saillants de leur gouvernement ou ce qui les illustra dans la mémoire de
leurs contemporains : chaînes d'esclaves qu'ils faisaient porter aux condamnés politiques, et noms de
leurs principales victimes.

Sous verre, une lettre : c'est la dernière que
Menotti écrivit à sa femme, quelques instants avant
sa mort ; elle fut remise à François IV qui devait la
faire parvenir à destination. Mais... ce sont là jeux de
princes ! la veuve infortunée ne reçut jamais le dernier salut du martyr : la lettre fut retrouvée, de longues années après, dans les archives ducales.

Face fouinarde aux yeux pesants, le peu sympathique François IV allonge son nez faux de bête sournoise, à côté du billet vengeur ; et, lui faisant pendant,
voici la boîte de bois qui contient le couteau de la
guillotine qu'il faisait manœuvrer si allègrement. Au-
dessous, un tableau vraiment royal : 56 condamnations à mort, — 33 aux galères à vie, — 66 aux galères à temps — 80 à la réclusion — 58 au cachot, —
le tout auréolé de quatre bustes portant les noms
des martyrs : Andréoli, Menotti, Ricci, Borelli. —
Mais l'esprit latin reprend vite ses droits : Apposées,
au mur, des caricatures célèbrent avec humour les
déménagements successifs de l'oppresseur.

*
* *

Modène nous tient, il nous faut encore lui consacrer l'après-midi. Les *Corrège*, les *Guido Reni*, les
Nicolo dell' Abate de la Galerie Estense ne nous consolent pas de savoir à Dresde les plus belles perles
de la collection des ducs de Ferrare, achetées en 1746,
au duc Rinaldo qui leur préféra quelque argent.

Un splendide guerrier par *Véronèse*, de fulgurants *Tintoret*, un remarquable François Ier d'Este par Velasquez, une harpe du XVIe qui appartint peut-être à la charmante marquise Isabelle ou à sa fille Leonora d'Urbino, voilà qui nous repose des Begarelli.

— Aberration curieuse : comment le Mazzoni, qui sut pétrir le remarquable vieillard de ce musée, a-t-il pu se complaire à créer tant de madones hurlantes et de Madeleines grimaçantes ?

Nous poursuivons notre visite que ponctuent agréablement des arrêts devant les toiles d'Adeodato Malatesta, le peintre d'histoire au chaud coloris — devant la fille de Rinaldo d'Este, charmant pastel de Rosalba Carriera, — et devant le saisissant jeune homme rieur de Dosso Dossi. Tel un joyau dort dans une vitrine un célèbre Ammanati, près d'un violon sculpté aux armes d'Este... (Au fait, l'Artiste a-t-il songé à en rendre le son meilleur ? et n'eût-il pas mieux fait de réserver son art de ciseleur pour quelque Madone ou quelque stalle de couvent ?) — Et puis des médailles, encore des médailles, des Sperandio, des Pisanello, des Matteo da Pasti ; c'est dans une griserie que nous franchissons le seuil de la fameuse bibliothèque d'Este.

Un vrai sanctuaire... Timidement nous demandons à voir le fameux recueil de prières de Renée de France ; mais nous devons nous contenter d'en parcourir le fac-simile ; pour nous consoler, on nous apporte de vieux évangiles français sur parchemin, enluminés avec amour ; tout en les feuilletant, nous apprenons que le joli fac-simile est en vente chez un photographe de la ville.

Voilà le souvenir que nous rapporterons de Modène. Après une course rapide à travers la ville, le photographe nous le met en main pour un prix très abordable. Le délicieux petit volume fut donné à la fille du bon roi Louis XII, fiancée successivement à Charles-Quint, à l'électeur de Brandebourg, à Henri VIII, avant de devenir duchesse de Ferrare. La petite princesse l'emporta lorsqu'elle quitta la France, et plus d'une fois ses yeux durent se poser sur les pages fleuries où les abeilles, les papillons, les coccinelles frémissent parmi les feuillages légers que le directeur de la bibliothèque d'Este F. Carta attribue à Janet Clouet, fils du célèbre François.

*
* *

« *Avez-vous vu les sépultures de la maison d'Este, à San-Vincenzo ?* » nous demande l'aimable photographe. Et nous menant au balcon, il nous montre l'église, à quelques pas de sa maison.

Combien il doit être facile de faire *son salut* à Modène ! Au bout d'une minute et demie de marche, nous entrons dans une église... qui ne contient pas le moindre monument funéraire. Un brave bedeau vient à notre secours : San-Vincenzo n'était pas si loin ! Nous l'avions dépassée ! Et, de peur de nous voir nous tromper, le brave homme, en pantoufles, évitant les mares que dispense l'arroseur municipal, nous précède jusqu'à la porte de San-Vincenzo. — Horreur ! Le classique et affreux édifice baroque. Aux deux bras du transept, de très beaux marbres blancs recouvrent les restes des derniers ducs de la maison de Habsbourg-Lorraine, héritiers du domaine par le mariage de Marie-Béatrice, dernière survivante d'Hercule d'Este.

La sympathie des Modénais devient gênante : nous sera-t-il possible de quitter la ville ? Une brave femme, qui a suivi nos recherches dans l'église, nous harponne à la sortie : il ne faut pas nous en aller sans avoir vu le lieu où reposent *vraiment* les dépouilles des souverains, là, derrière une chapelle avec la statue, *bellissima !* du dernier duc. Nous nous arrachons avec peine à ce nouveau guide trop obligeant, jetons un coup d'œil pour lui complaire aux *merveilles* qu'elle nous montre, et nous nous enfuyons en toute hâte. Non, brave femme, ce n'est pas cela que nous venons chercher en Italie ! Et s'il n'y avait chez vous que vos Begarelli et vos marbres splendides, fouaillés comme on creuse les mottes de beurre, nous n'aurions pas pris la peine de franchir la frontière ! Mais ce que nous emportons de Modène, c'est surtout le souvenir délicieux de la courtoisie exquise et désintéressée de ses habitants, qui parfumèrent notre journée d'un arome inoubliable et... malheureusement : *trop rare.*

CHAPITRE II

SOAVE AUSTERO

PISE
Santa Maria della Spina

SAN GIMIGNANO
« La ville aux belles tours »

Pise

On m'avait dit qu'elle était morte, et qu'il suffirait
d'aller, entre deux trains, lui porter mon hommage.
Je l'ai vue et j'ai passé cinq grands jours auprès
d'elle ; elle n'est pas morte et m'a dit tout bas de
très jolies choses qu'elle dédaigne de conter à qui la
salue en courant.

Elle est assise gravement au pied des montagnes
douces du pays de Carrare qui semblent la bercer.
L'Arno ceint d'un filet d'argent sa robe en grisaille,
ondule derrière elle, en molle écharpe, jusqu'à la mer.
Sur sa poitrine, en pendentif, elle porte un joyau
unique au monde, témoignage éclatant de sa splendeur passée. On m'avait dit qu'elle était morte. Non ;
sa fierté n'a rien voulu confier à qui ne jetait sur
elle qu'un regard indifférent.

Il est peu de villes plus attachantes, plus riches en
souvenirs. Au long de la courbe délicieuse de l'Arno
s'échelonnent deux rangées de palais aux proportions
harmonieuses, évoquant un chaînon ininterrompu de
rêveries où s'unissent les noms des Médicis et de Galilée, d'Alfiéri, de Byron et de Shelley, de Carducci,
de Mazzini, de Garibaldi et de sa douce Anita.

Mais c'est surtout à l'extrémité de la ville, sur
l'immense place couverte d'herbe, que le charme

opère. Jamais le marbre n'a chanté plus triomphalement l'hymne à la lumière. L'auguste trinité du Baptistère, du Dôme et du Campanile se dresse, au long des remparts moussus et crénelés à l'ombre desquels repose, mystérieux et recueilli, le silencieux Campo-Santo.

Moins riche que Sienne, moins austère que Florence, la cathédrale est plus douce, plus mesurée, plus harmonieuse ; elle est polychrome, mais les gris et les blancs alternent, et si heureusement qu'il en résulte une impression fort agréable à l'œil. La coupole a la gracilité fraîche d'un colchique à peine éclos. Plus puissant, le baptistère épanouit sur l'émail du ciel sa rotondité calme. Des enfants jouent sur les marches, des femmes jasent, des dormeurs s'allongent. Un âne qui broutait au long des remparts vient de s'aventurer près de la chaire de Pisano. Nul ne le chasse à grand fracas ; la brave bête ne scandalise personne. Le même ciel indulgent ne baigne-t-il pas, tout près de là, la patrie du grand saint d'Assise qui chérissait sa famille ailée « les oiseaux » et son frère « le bœuf patient et doux » ? Un minet blanc ronronne dans la nef du Dôme, et le grand Christ de la mosaïque, la dextre levée, semble l'accueillir d'un regard indulgent.

Le saint des saints, c'est le Campo-Santo. Les rêveries fortes et douces déploient leurs ailes sous les ogives ombreuses. De grandes chaînes, suspendues au mur, unissent magnifiquement deux émouvants chapitres d'histoire. Et Pise fait ses confidences :

« J'ai péché par orgueil ; chez moi, l'orgueil a tué l'amour. Alors l'amour s'est enfui et m'a laissée. Me voilà veuve éternellement. Ce qui est mort en moi, c'est ma jeunesse que la jalousie tua. Gênes la Su-

perbe a pris la mer, et la mer s'est retirée de moi ;
Florence la douce a pris la lumière, et la Renaissance
eut chez elle son berceau. La seule consolation de
mon orgueil, c'est de savoir la verte Lucques, mon
antique rivale, tombée dans un oubli dont rien ne
pourra la tirer jamais. En 1860, Gênes et Florence
ont rapporté les chaînes qu'elles m'avaient ravies.
Les voici : elles disent ma jeunesse, mon beau port
florissant, mes navires qui apportaient d'Orient la
terre sacrée, les marbres rares ; mes luttes contre les
cités guelfes, et les Empereurs venus pour me défendre. Aujourd'hui, rien ne m'est plus, que la douceur du
ciel toscan et les couchants dorés sur les monts de
Carrare, aux cimes pures sculptées des dieux. Orca-
gna et Gozzoli, Pisano et Buschetto m'ont faite belle
à jamais. Pèlerin fervent qui cherches mon âme, va
voir le couchant dorer les monts « qui, de Pise,
empêchent de voir Lucques ».

L'heure magique, c'est l'heure crépusculaire. La
tour penchée s'incline vers les montagnes, comme
pour tomber en leurs bras caressants. Les derniers
rayons du jour meurent sur les ors des mosaïques du
Dôme. Je m'allonge dans l'herbe et, aux lueurs adou-
cies du crépuscule, nous lisons le récit de la mort
d'Ugolin, — Dante, toujours Dante ! — Et nous
voyons passer l'ombre de *la Pia*.

*
* *

De cette tragique et solitaire Bocca d'Arno, sur
laquelle planent tant de légendes, je reviens au crépuscule, par une chaude journée de l'été finissant.
Depuis que mes pieds d'argile en ont foulé la glaise,

des années ont passé ; mais les pieds ailés du souvenir m'y transportent souvent.

Des ombres violettes et dorées jouent sur le fût d'un grand pin parasol ; une brume légère monte du fleuve et baigne mollement les onduleux roseaux. Un vieux pêcheur sort d'une cabane conique : il va poser en silence de grands filets que soutiennent des joncs entrecroisés. Le cri prolongé d'un courlis déchire l'air ; une indicible mélancolie plane sur les deux rives. Autour des arbustes, les vapeurs dessinent des écharpes légères, souples comme des silhouettes féminines.

« Ricorditi di me, che son la Pia... »

Quel voyageur, quel passant ne se souviendrait pas, petite Pia, douce figure voilée, qu'effleura de son vers le plus grand des poètes ! Parle, petite ombre effacée, révèle enfin le mystère de ta sombre destinée !

— Siena mi fè ; disfecemi Maremma...

Je naquis à Sienne, en la famille des Guastelloni, dit-on, et j'épousai Baldo Tolomei. Oh ! les douces années, pendant lesquelles, penchée sur mes deux fils, j'écoutais battre leur cœur et guidais leurs pas vers l'amère vallée... Andrea, Balduccio, c'est vous que je poursuis au travers des taillis, dolente et résignée, par les beaux crépuscules de l'été qui se meurt...

Un long frisson court sur les hautes herbes ; la brume monte toujours... La Pia disparaît pour surgir de l'autre côté du fleuve, plus lointaine, plus voilée. Le cri du courlis s'élève plus strident.

— Je reçus le don fatal de la beauté. Messer Nello de Pannochieschi fut mon second époux, et pieusement m'aima. J'éveillai sa jalousie et mes jours s'ef-

feuillèrent un à un, sur sa terre des Maremmes,
comme une à une, sous la bourrasque, tourbillonnent
les fleurs parfumées du jasmin...

L'ombre s'échappe. Le courlis lance un appel aigu,
un nimbe d'or cerne la cime du grand pin.

— Ah ! Nello, Nello ! quel beau testament vous
avez dû faire en expiation de vos péchés ! Vous
m'avez préféré Margherita Aldobrandeschi, et d'une
fenêtre de votre castel di Pietra, un soir je fus pré-
cipitée...

Les derniers rayons se meurent, l'ombre court
maintenant sur les roseaux, un frisson glacial ride
l'onde. Le cri du courlis se fait plaintif et déchirant.

— Infidèle je fus aussi, et j'expie, et j'expierais
éternellement comme Francesca aux bras de Paolo,
si...

L'ombre s'échappe encore, des formes volent au-
dessus du fleuve, pareilles aux anges de Giotto. La
brume ne forme plus qu'un long voile qui noie tous
les contours. L'ombre est pesante ; une angoisse
étreint l'âme... et l'éclat de rire du courlis se prolonge indéfiniment.

— Point ne suis née chez les Guastelloni. Point
n'épousai Baldo Tolomei. Une autre fut la mère de
Balduccio et d'Andrea. Oh ! poètes, étranges con-
teurs ! Le grand Alighieri penchait déjà vers la tombe, j'achevais près de Florence une vie tranquille que
ne troublèrent jamais les orages de l'amour.

Et plus loin, plus loin, jusqu'à la mer, l'ombre
s'enfuit et l'éclat de rire du courlis se prolonge. Le
soir est maintenant descendu, le silence enveloppe
toute apparence de vie, et seule, dans l'âme résonne
impérissablement la voix du poète. Petite Pia, sans

lui, le glaneur de légendes, qui saurait aujourd'hui votre nom !

Les étoiles commencent à s'allumer dans le ciel, la nuit descend, pensive et bleue ; et, le cœur frissonnant, je me hâte vers Pise, la silencieuse.

Sur le chemin des fontaines

Quatre heures passées. — Nous quittons à regret le chêne-vert trapu à l'ombre duquel nous avons griffonné — oh ! bien nonchalamment ! — quelques cartes postales.

La pittoresque place, avec ses bancs rustiques, semble encore appesantie par le soleil. Nous la traversons en hâte. Des paysannes, assises près d'un large figuier, plument des volailles ; elles nous indiquent notre chemin. Elles parlent, un peu lentement, une langue très pure, avec cette aspiration du c particulière aux Toscans ; et notre italien ne les fait pas sourire !

Depuis la veille, nous sommes à San-Gimignano, « la ville aux belles tours » en pleine rêverie médiévale. La formidable enceinte, les portes crénelées, sont telles qu'elles étaient à l'aube du XIV⁰ siècle, quand Dante y vint deux fois en ambassade. Pas une pierre ne semble avoir bougé de ces bâtisses pesantes, aux murs rongés par le soleil ; les treize tours se dressent menaçantes, et semblent braver quelqu'imaginaire ennemi.

Nous suivons le chemin qui longe les remparts un vrai chemin de chèvres, qui grimpe, s'attarde, descend, vire, à pic au-dessus des vignes, et dominé par les murailles à pic. Nous frôlons la citadelle, aujourd'hui prison, un soldat fredonne en montant la garde, des gamins courent pieds nus par les carrés de choux et de maïs tremblants suspendus aux pentes de la colline. Nous sommes en quête des fameuses fontaines ; la sécheresse qui sévit depuis trois mois et fait des oliviers de grosses boules en grisaille, accroît notre désir de les trouver au plus tôt. Pourtant le paysage nous attarde ; sa grandeur est à la fois sereine, tragique, et douce infiniment. Les pré-Apennins forment, autour de la ville aux belles tours, un moutonnement onduleux et souple qui fait songer à d'immenses vagues pétrifiées. Partout le sol est cultivé avec un soin minutieux. La vigne alterne avec l'olivier ; et les pommiers, les poiriers, ployant sous la charge, mettent une note rustique dans cette harmonie de grandeur. La ligne onduleuse de l'horizon a ce quelque chose d'indéfinissable qui caractérise la Toscane et que rien ne peut rendre mieux que l'expression désormais consacrée de « soave austero ».

La tentation est trop forte, les fontaines nous attendront. Des cloches sonnent, et Dante parle en notre mémoire.

> ... « Se ode squilla di lontano
> Che paia'l giorno pianger che si muore. »

Le petit livre magique ne nous quitte plus depuis quelques jours ; l'âme de Dante est partout ici. A l'ombre d'un buisson, nous lisons un chant du Purgatoire ; le vers sonore et fluide claironne ou murmure ; l'air est si calme et si limpide que les voix des paysans qui travaillent sur les collines voisines se mêlent à nos voix.

Nous reprenons notre route ; le soleil est moins
ardent. Des enfants passent portant ces grands vases
de cuivre aux flancs somptueux, au col haut et large
qui rappellent les formes étrusques. Les fontaines
sont proches. Des femmes vont, le panier plat sur la
tête, chargé de linge pesant et mouillé. Une belle
« contadina » descend allègrement, la taille large, le
buste très droit, le poignet gauche replié sur la hanche, la main droite étendue négligemment pour soutenir le panier. Elle s'arrête devant nous et salue
joyeusement. Les dents sont éclatantes, le regard
velouté, les cheveux d'un noir bleuâtre en ondulations
larges. Avec son teint ambré, ses formes puissantes, la vigueur souple du port hautain, elle a toute la
saveur d'un fruit mûr. Elle s'informe de notre cité :
« Paris », et ajoute, une flamme d'envie au fond des
yeux : « Come deve esser bello ! »

Les fontaines chantent sous leurs arches pittoresques ; quelques bersagliers jouent et badinent en lavant
leur capote. Du geste antique, des jeunes filles pui-
sent et s'en vont avec leur vase pesant. La belle paysanne a fini de laver son linge, et, plus lente, elle
remonte la côte, la hanche libre et le torse bombé.
Le soleil tombant donne aux choses des reflets dorés
comme des pages enluminées de vieux missels. La
lavandière est loin maintenant, mais dans l'air traîne
la chanson populaire qu'elle fredonne là-haut, tout
au long du chemin des fontaines :

> « Nel cuor ho malinconia
> L'amor è la felicità. »

Lumière florentine

Le Diario fiorentino de Lapini consigne le menu fait suivant :

Le 16 du dit mois de novembre 1500 les quatre belles « lumières » furent posées aux quatre angles du palais Strozzi. Et l'on dit qu'elles coûtèrent 400 ducats, c'est-à-dire 100 chacune.

Tous ceux qui ont visité Florence connaissent ces lanternes originales : un beau travail en fer forgé de Niccolo Grossi. La boutique de cet ouvrier d'art était souvent honorée d'une visite flatteuse : le maître de la cité du Lys, le Magnifique en personne, aimait à venir bavarder avec ce serrurier délicat. Et, caustique à ses heures, l'ami des Platoniciens avait surnommé l'artisan « Caparra » parce qu'il ne consentait à travailler que si des « arrhes » lui avaient été versées.

Les marchands de bibelots, de souvenirs, vendent des reproductions de la fameuse lanterne. Une de ces copies vient de m'arriver d'outre monts. Bibelot sans valeur ; mais précieux par le souvenir qu'il évoque, par sa forme délicate et précise, un peu d'Italie et de lumière italienne sous notre ciel gris et maussade de janvier.

A sa lueur discrète et douce, j'écris ces lignes en rêvant. L'ampoule électrique, dissimulée sous les ver-

FLORENCE
Vue du Viale dei Colli.

res dépolis, baigne ma table d'une clarté lactée. Les six colonnes marquant les angles de l'hexagone s'effilent, pures, et se prolongent en pointes légèrement incurvées. Six groupes de trois croissants — les croissants des Strozzi — prennent place entre ces pointes et la lumière qui les heurte projette sur le plafond une nuée d'étoiles. Au sommet, plus haute, plus fière, rigide, comme ce Philippe Strozzi qui accueillit Lorenzaccio, la flèche maîtresse couronne, surmonte, prolonge. Que veut-elle dire ? Un rêve infrangible ? Une promesse que rien ne décourage ? Un espoir auquel rien ne coupe les ailes ?

La lumière filtre entre les arcades géminées, une lumière douce, mais claire, nette, précise. A sa lueur, il m'est exquis de lire, de rêver, d'écrire parfois. Et il est bon qu'il en soit ainsi. Nous autres Latins, savons-nous bien ce que nous devons à Florence ? Nos souvenirs sont pleins de l'auguste et merveilleuse Rome. Nous savons ce que veulent dire les mots « loi romaine » — « civilisation romaine » — Mais Florence ? Pense-t-on suffisamment à Florence et sait-on tout ce qu'elle a donné au monde ? Il le savait, le Roi Chevalier, qui, épris de l'Italie comme d'une maîtresse passionnée, ne se contenta pas d'admirer les artistes, ne ramassa pas leur pinceau comme Charles-Quint, ne leur dicta pas de pensum comme la marquise de Mantoue, mais les aima de tout son cœur, les accueillit auprès de lui, leur donna une place d'honneur à sa cour, alors la plus brillante de l'Europe. — Que le Vinci soit ou ne soit pas mort au Clos Lucé dans les bras de François Ier ; qu'Andrea del Sarto ait ou n'ait pas trahi la confiance du roi qui lui avait avancé de fortes sommes, que le pittoresque Cellini ait ou n'ait pas semé la guerre entre les maîtresses royales, que nous importe ? Le collier splendide de châteaux qui s'éploie aux bords fleuris de la Loire, les plus beaux joyaux de Fontainebleau, les incomparables perles du Louvre, ce sont des sourires d'Italie, des reflets du plus beau ciel qui soit au monde, et toutes ces splendeurs, nous les devons à Florence, à l'accueillante cité de l'Arno, à ses Mécènes qui reçurent les artistes chassés de Constantinople, à ses artistes qui trouvèrent en nos rois de nouveaux Mécènes.

La lanterne florentine éclaire doucement. Son dessin délicat est sans mollesse ; les arêtes fines ont quelque chose d'aigu, de précis, que l'équilibre des proportions empêche seul de toucher à la sécheresse. C'est tout Florence, de Fiésole à San-Miniato, des collines de Vallombrosa au Mont Albano, qui palpite et somnole en la lanterne de Caparra.

Six volutes délicates unies à la base fixent la lampe à la console, où deux groupes de croissants entourent l'agneau portant la croix, armes de l'Art de la Laine.

— Et ce symbole aussi me plaît, le travail est à la base de la richesse, de la beauté de Florence. — Ces banquiers, ces commerçants, ces artisans s'étaient enrichis, et ils avaient compris que leur fortune devait donner à leur cité plus de splendeur, plus de beauté ; l'emploi le plus noble qu'ils pouvaient faire de leurs immenses revenus, c'était, ils le savaient et ils en étaient fiers, de protéger les artistes, de leur faire la vie large et douce, de seconder l'effort de ces ouvriers de la pensée et de s'associer, dans la mesure de leurs ressources, au mystérieux travail de l'esprit humain.

— Et ce sera la gloire éternelle de Florence d'avoir donné au monde cette grave et belle leçon de magnifique humilité.

Mes doigts feuillettent le Diario, à la douce lumière, et ma rêverie m'emporte, à la suite de la belle Dionora de' Bardi.

*

* *

« O! Madonna Dionora! votre clair visage resplendit comme l'aube aux coteaux de Fiesole. Vos regards ont la fraîcheur de l'aurore, et la douceur du crépuscule. Laissez-moi m'enivrer de lumière et boire encore le miel de vos paroles, avant de retourner dans ma nuit!

— O! Messer Ippolito, les mots sont doux sur vos lèvres, et leur musique me berce comme le vent frôlant les touffes des lauriers-roses. Un monde en moi s'est ouvert, depuis que vos lèvres se sont posées sur mon front, sur mes lèvres, sur mes doigts....

— O! Madonna Dionora! Vos mains ont la blancheur du col des cygnes se lustrant au soleil ; et quand je les emprisonne en les miennes, elles tremblent, frissonnantes et tièdes, comme deux tourterelles captives.

— O! Messer Ippolito ! Quand mes ailes repliées et frileuses pourront-elles s'ouvrir toutes grandes!

— O! Madonna Dionora! Quand me sera-t-il donné de vous aimer sans me cacher comme un voleur?

— Que l'aile de la prudence nous couvre de son ombre!

— Que l'aile de l'amour nous emporte en plein ciel!

II

— Sur les tempes, ta chevelure, ô bien-aimé, ondule en masses lourdes comme la grappe au matin des vendanges.

— Ton corps souple fait songer à la vigne onduleuse enlaçant les ormeaux.

— Et nos bras enlacés frémissent, comme les pampres sous la brise au val d'Ema.

— Madonna Dionora, j'entends un bruit... On vient, peut-être !

— Non, Messer Ippolito, la Madone veille sur nous.

— Quand le danger viendra...

— Nous saurons lui répondre !

— Vous me laisserez fuir !

— C'est lui qui s'enfuira !

— S'il est plus fort que nous ?

— L'amour nous protègera.

— O Madonna, vos bras sont si faibles !

— O ! Messer, notre amour est si fort !

III

— O ! Madonna Dionora ! les mots chantent sur vos lèvres comme les ruisseaux clairs du Casentin. Le doux bruissement de votre robe, c'est la voix du vent chuchotant aux chênes-verts de San-Miniato. Comme le soleil levant irradie les cimes de Vallombreuse, votre chevelure illumine votre front et vous nimbe d'un halo d'or.... Et notre amour, ma bien-aimée, c'est le bloc pur de blanc Carrare qu'il faut ciseler avec ferveur.

— *Messer, le bargel passe ! Il faut fuir.*

— *Il vient très tôt, cette nuit. Que n'attend-il point l'aube ?*

— *Messer, il faut fuir !*

— *Toujours fuir !*

— *A demain !*

IV

Après avoir étouffé mille soupirs, bien doucement baisé sa mie, et chuchoté des mots d'amour, Messer Ippolito Buondelmonte enjambe lestement le balcon et, s'aidant d'une échelle de soie, s'enfuit hors du palais des farouches ennemis de sa famille, les de' Bardi. Anxieuse, Dionora surveille la descente, et, à peine le beau cavalier a-t-il posé pied à terre, elle lance l'échelle, accompagne son geste d'un ultime baiser, et referme la fenêtre.

Ippolito, bien qu'il soit brave, frissonne dans la nuit. Les rues sont désertes, car l'ordre est formel : nul ne peut s'y hasarder, après le couvre-feu, sans autorisation spéciale. Mais l'amour, n'est-il pas la suprême puissance ? Et qu'aurait-il à solliciter d'un autre que lui-même ? L'amant frissonne, mais il sourit...

Farouches citadelles, les hauts palais florentins le couvrent de leur ombre-protectrice. Tout en roulant sa précieuse échelle, et la cachant au rebord de son béret, le beau cavalier gagne l'Arno qu'il doit traverser pour atteindre le palais de Santa-Trinita. Il lui semble apercevoir une petite troupe venant de la porte San-Niccolo, presqu'au coin du pont de Rubaconte : le bargel, sans doute, accompagné de ses gardes.

Alors il se détourne et gravit la Costa, tournant souvent la tête, et fouillant des yeux le Lung' Arno... Mais tout est retombé dans le silence et dans l'immobilité.

V

Ippolito va doucement, assourdissant le bruit de ses pas. De temps à autre, un insecte matinal l'effleure en susurrant; un fruit mûr tombe avec un bruit mat sur la terre humide ; un souffle plus vif fait cliqueter les petites feuilles rigides des oliviers, et rebrousse la cime des noirs cyprès qui montent la garde aux flancs de San-Miniato. Ippolito n'y prête pas attention, et, le cœur rempli d'ivresse, il entend chanter son amour :

« Et si le danger vient ?
— C'est lui qui s'enfuira !

Or, voilà qu'en se retournant brusquement, il aperçoit l'Arno tranquille, sommeillant sous le Pont-Vieux. Alors, son cœur se serre : il songe tout à coup au bel ancêtre qui tomba sanglant, la veille de ses noces, au pied de la statue de Mars — et l'horizon de sa pensée devient noir comme un ciel d'orage. Il atteint la porte San-Giorgio lorsque surgit une patrouille. Il essaie de fuir, il perd son béret. Les sbires s'en emparent, découvrent l'échelle, rejoignent le fuyard, et le conduisent au Bargello.

« — Que faisais-tu devant le palais Bardi, avec cette échelle de soie ? »

Ippolito répond au bargel sans trembler, mais sa réponse est tellement invraisemblable qu'on le conduit au Podestat, qui fait appeler le vieux Buondelmonte.

— « *Fils, misérable fils, que faisiez-vous par la ville, à pareille heure ?*

— *Père, les de'Bardi ne sont-ils pas nos ennemis ?*

— *Par la gorge, ils le sont, depuis plusieurs générations !*

— *Père, j'allais ravir leur trésor en incendiant leur palais,*

— *Par notre beau San-Giovanni ! Bien folle est notre jeunesse d'aujourd'hui ! Mon fils incendiaire et voleur ! Un gentilhomme combat de la dague et de l'épée. A la corde celui qui se sert de la flamme !* »

VI

Par la voie de' Malcontenti, le bourreau mène au supplice le malheureux. Ippolito s'est laissé condamner, sans bravade et sans plainte. Mais il se redresse tout à coup, exigeant une suprême grâce : Traverser l'Arno et passer devant le palais Bardi.

« — *Soit, dit le Podestat. Laissons-le faire amende honorable, puisqu'en son cœur fleurit la contrition...* »

Et voici qu'au petit jour, le cortège funèbre s'engage sur le Pont-Vieux.

« *Oh ! le voleur qu'on mène au supplice !* » chuchote *une servante en puisant l'eau à la fontaine. Et bientôt des curieux paraissent aux fenêtres et sur le pas des portes.*

Ippolito ne voit rien, n'entend rien, que son amour qui pleure, tandis que gronde l'Arno.

VII

Devant le palais Bardi le cortège s'arrête. Le vieil Amerigo se lève, attiré par le bruit. Immobile, Ippolito regarde, les yeux dilatés.

« *Parle, dit le bargel, en s'avançant vers lui.*
— *Vas-tu parler, larron, bougonne une vieille femme.*
— *Voleur, la peur t'étrangle, chuchote une autre.* »

Ippolito se tourne vers elles, les fixe et ne parle pas.

Le jour se lève, éclatant ; la foule s'assemble, bruissante ; la rumeur monte et couvre la voix du fleuve.

« *Que fait cet homme devant ma porte? dit le vieil Amerigo, les yeux encore tout gonflés de sommeil.*
— *Il venait te voler, rugit la foule. Il faut qu'il fasse amende honorable* ».

Une sueur froide perle aux tempes du jeune homme. D'un mouvement brusque il rejette sa chevelure en arrière tandis qu'une voix chante en lui : « Tes cheveux sont comme la grappe au matin des vendanges... » Ses yeux se brouillent, ses paupières se ferment, il entend bruisser les ruisseaux du Casentin, frissonner la brise aux bouquets des lauriers-roses ; il voit briller l'aurore aux cimes de Vallombrosa, et la lumière sur l'aile des cygnes, et dans ses doigts

tremblants il croit sentir frissonner des colombes. Il
scelle ses lèvres plus fortement, il ne parlera pas...

VIII

Jamais vigne onduleuse, au val charmant d'Ema,
n'enlaça plus amoureusement l'ormeau qui la soutient... Jamais brise plus douce n'effleura la verveine
aux jardins fésulans... Jamais aube plus claire ne se
leva sur un printemps : Les bras de Dionora enveloppent le bien-aimé, le souffle de Dionora cherche
les lèvres d'Ippolito.

« *Père, père, de tous vos trésors, c'est moi seule*
« *qu'il voulait, et, la seule flamme qu'il eût portée en*
« *votre palais, c'est l'ineffable amour. La prudence*
« *n'a plus besoin de nous couvrir de son aile. Que l'en-*
« *vol de notre tendresse nous transporte en plein ciel !*
« *Seigneur Podestat, si sa faute mérite la mort, je suis*
« *coupable ainsi que lui — et si je suis innocente, il*
« *n'a pas plus péché que moi* ».
— *Seigneur Amerigo, que ferons-nous de ces en-*
fants ? dit le podestat,
— *Grâce ! criait la foule.*
— *Leur amour n'a pas peur de la mort...*
— *Alors, c'est qu'il doit triompher de la haine, dit*
le farouche de Bardi.

Et sous sa lourde paupière, qui depuis quarante
ans n'avait pas connu la douceur des rosées, une perle
roula....

*
* *

Sur cette histoire que j'ai lue en dix lignes, dans
quelque vieux bouquin poudreux, dès très chers souvenirs j'ai tressé la guirlande. Et vous me pardon-
nerez, Florence la belle, et vous, sereine Toscane,
d'avoir amoncelé vos fleurs et vos fruits, d'avoir
recueilli vos brises et vos bruissements quand fris-
sonnent vos oliviers, ondulent vos vignes, pointent
vos cyprès et serpentent vos ruisseaux. Parce que
ceux qui ont longuement savouré votre charme pénétrant ont bu le philtre de l'immuable amour.

Villas Médicéennes

En collier harmonieux et souple, elles se déploient autour de la ville du Lys, aux pentes molles de l'Apennin onduleux, à Fiésole, au flanc de la colline, près de l'exquise Badia où Laurent de Médicis venait converser avec ses amis les Humanistes sous la loggia de Brunellesco, — dans la douce vallée du Mugnone où les vignes arborescentes aux longs bras chargés de pampres dansent des rondes mystérieuses autour des oliviers tremblants : Careggi, la préférée de Laurent, aujourd'hui transformée en hôpital comme Castello; Pétraia, la lumineuse, et, plus à l'ouest, Poggio a Caïano où François de Médicis et Bianca Capello moururent mystérieusement, là où, si longtemps, s'abrita leur amour.

Dans l'immuable cadre où s'éploie la sereine beauté de Florence, les unes se dressent, méconnaissables, grâce à la sollicitude indiscrète de malencontreux restaurateurs ou de millionnaires peu respectueux du passé. D'autres, plus heureuses, ont gardé la pureté de leurs lignes, et les parfums de leurs lauriers-roses évoquent les arômes d'autrefois. Poggio a Caïano et Petraia ont eu ce rare bonheur; de plus un joli geste les auréole : elles font partie de cette gerbe de villas royales dont Victor-Emmanuel III vient de faire don à son peuple.

Pétraia, haut juchée sur une colline charmante, sourit entre les rideaux de cyprès que sa haute loggia carrée domine et couronne. Cosme le Vieux et Laurent aimaient à s'y reposer, et quelques portraits de Susterman y attestent les courts séjours des derniers Médicis. Sa proximité de la cité l'avait rendue chère à Victor-Emmanüel II, qui, dédaigneux du somptueux palais Pitti, y séjourna le plus souvent tant que Florence fut capitale. Les cloches de la petite église de Castello, blottie entre trois cyprès séculaires, répondent à celles du couvent de la Quiète. Et sans doute, en les entendant frémir dans l'air embaumé du soir, le Roi-Soldat dut penser plus d'une fois à la cité au nom magique : Rome.

Poggio a Caiano étage ses hautes terrasses, son orangerie, ses portiques, ses parterres, au pied du Mont Albano. Jamais les Bacchantes ne dansèrent ronde plus endiablée que par les champs fertiles qui l'environnent, coupés par des rivières et des bois d'oliviers. Un ample escalier à double révolution, une terrasse spacieuse soutenue par des arcades, courant tout autour du vaste bâtiment dont les six fenêtres de façade s'ouvrent largement, en plein soleil, au-dessus d'une loggia fraîche et lumineuse : la villa semble être comprise pour la vie saine et joyeuse, en plein air, en pleine lumière. A l'est, les jardins en pente s'étagent à l'ombre des châtaigniers séculaires, et les fontaines disent leur chant mélancolique aux lions de pierre silencieux et graves ; les grappes lourdes des bégonias alternent avec les bouquets embaumés des lauriers-roses, sous les portiques dressant les *palle* des Médicis. Là encore, les petites princesses et les grandes duchesses rigides, que peignit Susterman, ouvrent des yeux étonnés en leurs cadres d'or bruni ; là surtout se dresse inquiétante, troublante sirène, Bianca Capello, l'orgueilleuse Vénitienne qu'enleva un aventurier. Et toutes, dans le mystère des nuits silencieuses et solitaires, chuchotent; elles ont vu, froissant les étoffes qu'elles aimaient à toucher, déplaçant les meubles qu'elles effleuraient de leurs jupes soyeuses, l'homme aux grosses moustaches tombantes tourmenté d'un rêve hautain et glorieux, petites ombres du passé qui devinaient peut-être l'avenir, elles entendaient les foules d'Italie enfler leur rumeur : « Nous voulons pour roi Victor-Emmanuel ».

Au sud, imposante comme son nom, à quelques minutes de Florence, Poggio Imperiale, transformée en institution de l'Annunziata, pour des jeunes filles de l'aristocratie italienne. C'est là que la reine Elisabeth vint confier sa fille, comme en un doux nid embaumé, lorsque la Belgique fut envahie en 1914. Les yeux de la petite princesse, achevant là son éducation, ont dû subir ce charme de la lumière et des lignes pures qui fixa l'Anversois Susterman sur les hauteurs voisines de Giramontino. Un chemin onduleux y monte délicieusement par les épines-roses et les yeuses, atteignant la discrète et charmante San-Miniato, unissant comme une gerbe royale au front de la Cité Fleur les trois pensées de Dante, de Michel-Ange et de Galilée.

Rêveries florentines

Le 14 septembre 1321, Dante mourait à Ravenne, à la cour de Guido da Polenta qui accueillit l'exilé florentin. L'Italie célébra, et avec elle tout le monde latin, le sixième centenaire de la mort du poète « dell'altissimo canto ». L'union intellectuelle franco-italienne déploya, à la Sorbonne, un cycle de six conférences étincelantes : Le verbe clair et précis de M. Hauvette, la parole enthousiaste de M. Schneider, la phrase limpide et prenante de M. Hazard, ont déjà tenu sous le charme le public parisien. En avril et mai, MM. Jordan, Néri et Pirro continuèrent à développer les idées dantesques, et leurs différentes manifestations dans le domaine de l'art et de la politique.

Je n'aurai jamais la prétention puérilement ridicule de parler de Dante. Cet homme est un sommet que les plus hautes intelligences seules ont le privilège d'atteindre, au prix d'une étude approfondie et d'un labeur incessant. Mais j'ai erré au pied de la haute montagne boisée, j'ai respiré le vent qui courbait la cime des pins tordus sur ses pentes, j'ai flâné doucement au long des sources chantantes; et j'ai vu le soleil surgir, puis se cacher derrière le faîte radieux ; et c'est pourquoi je dirai la joie que j'éprouve à lire

Dante, à pénétrer sa fougueuse et généreuse pensée, à suivre les élans de sa tumultueuse imagination.

A part quelques épisodes comme celui d'Ugolin et de Francesca, la Divine Comédie est peu lue en France, et bien peu connaissent les pages charmantes de la Vita Nuova. Malgré son lyrisme intense, la vigueur des esquisses dramatiques, la netteté des silhouettes de haut-relief comme Pierre des Vignes, Farinata degli Uberti ou Manfred, la « Commedia » perd considérablement à la traduction. Mais si toutefois on la lisait davantage, notre vibrante jeunesse française éprouverait peut-être un peu plus le désir d'apprendre la douce langue d'outre monts, ce qui ne pourrait être que très souhaitable dans l'intérêt de nos deux pays qui ne se connaîtront jamais suffisamment et que d'autres ont tant d'intérêt à désunir.

Par toute l'Italie circulent des médaillons en plâtre : Dante et Béatrice font pendant à Pétrarque et Laure de Noves. Etrange puissance de l'amour qui ne fut point consommé ici-bas ! En France, connaît-on Gemma Donati qui, pendant de longues années, partagea la vie de l'Alighieri et lui donna quatre enfants ? Dans toute son œuvre Dante n'en souffle mot ; dans son exil, elle ne le suivit pas. Celle qui fut sa « consorte » au bon sens profond du mot italien, c'est la lumineuse fillette qui lui apparut dans son enfance, ce n'est pas la femme légitime qui ne sut pas partager sa vie. Et si Gemma Donati fut *matériellement* la compagne pour quelques jours, Béatrice est la compagne *radieusement* pour l'éternité.

Son rêve de pacification écroulé à la mort d'Henri de Luxembourg, Dante se retira à Ravenne, vaincu, mais non soumis, dédaignant la paix humiliante que lui offrait Florence. Guido da Polenta était poète et l'épisode qui immortalisait sa tante Francesca da Rimini lui était allé au cœur. Un différend ayant surgi avec l'orgueilleuse Venise, il dut dépêcher des ambassadeurs chargés de l'excuser auprès de la Dominante ; Dante fut du nombre.

Au retour, en traversant les marais, il fut pris de fièvres dont il mourut. Et cette fin silencieuse, au retour de la cité étincelante des lagunes, me rappelle la belle pensée de d'Annunzio : *Ne vous semble-t-il pas, Perdita, que, devant un tel spectacle de beauté, les paupières devraient se clore, et pour jamais rester scellées ?*

*
* *

> « *Sovra candido vel cinta d'uliva donna m'apparve sotto verde manto vestita di color di fiamma viva.* »

Qu'il fait bon errer, à l'aventure, par les rues de Florence ! On ne saurait cheminer longtemps sans qu'une plaque apposée à l'angle d'un carrefour, au porche d'un palais, au seuil d'une église, au pied d'une montée, invite le passant à la rêverie. L'âme de Dante palpite en ces rues où fourmillent les foules modernes, et le cocher indulgent détourne son cheval pour permettre au piéton de déchiffrer plus à l'aise. Les vers de l'ardent gibelin ont des ailes et transportent très haut, très loin. L'imagination peut se complaire à les interpréter dans les sens les plus variés, sans craindre jamais de se perdre. Cet homme est un infini, tout ce qu'il touche est éternel.

Qui n'a lu, via del Corso, là où s'éleva jadis le palais Portinari, les trois vers très doux et si chantants qui évoquent le souvenir de Béatrice ? On s'est plu à douter de l'existence réelle de l'enfant qui enflamma l'âme ardente du poète, d'un amour que rien ni personne ne lui fit jamais oublier. N'est-ce pas mettre en doute l'évidence même ? Je ne crois pas qu'un symbole puisse atteindre la force et l'ampleur de celui-là, s'il n'a pas à la base, comme tout sentiment humain, une solide et tranquille réalité. Les sanglots de la « Vita Nuova » ne sont pas nés d'un mythe, et le poète qui, sans voir encore Béatrice, ressent à son approche un trouble « qui lui rappelle l'ancienne flamme », pousse un cri trop humain pour être épris seulement d'une créature imaginaire.

Quoi qu'il en soit, Béatrice est ici, par les rues de la Cité du Lys. Elle passe, discrète et silencieuse, « sous un voile blanc, ceinté d'olive, vêtue d'un vert manteau couvrant sa robe de flamme vive ». N'est-ce pas déjà, dès le crépuscule du xiii⁰ siècle, — dans la nuit qui devait suivre ce Trecento troublé qui prépara le glorieux Quattrocento et l'explosion de la Renaissance, — n'est-ce pas là, née tout d'une pièce, comme Minerve du cerveau de Jupiter, l'Italie moderne drapée en sa bannière tricolore ?

Plus d'une fois, elles flottent sur les vers de la Divine Comédie, les trois couleurs prophétiques. Quand Dante évoque les Vertus théologales dansant autour du char de l'Eglise, il nous les dépeint : « l'une si rouge qu'à peine l'eut-on distinguée du feu ; l'autre toute faite d'émeraude, et la troisième semblable à la neige fraîchement tombée ». — Cinq siècles et demi avant l'élan du Risorgimento, les couleurs italiennes sont unies sur la terre des Apennins, où chaque soir, au couchant, le soleil sombrant dans la mer sméraldine ou sur les bois d'oliviers forme, avec la ligne blanche des palais marmoréens, un éternel et mouvant drapeau.

Plus que partout ailleurs elles flottent sur Florence, des hauteurs sereines de San-Miniato où trois pensées s'unissent, puissantes, douloureuses, sincères au plus haut point. — D'abord, Dante, encore et toujours, à la base, au pied du Monte alle Croci ; quelques vers du Purgatoire y rappellent les temps « où sûrs étaient les comptes et les mesures » — toujours Dante, le génial bourgeon, d'où devait naître l'Italie « une » ; Dante, la verte espérance, le printemps bouillonnant des promesses que 1860 devait seulement réaliser.

Gravissons la pente, entre les cyprès rigides et serrés, alternant avec les hautes croix du Calvaire. Nous irons plus haut encore, par le chemin de droite, vers Giramontino où nous attend Galilée, le grand vieillard blanc que peignit Susterman, la pensée baignée dans la clarté laiteuse des astres.

Traînant sa nonchalante nappe d'or, le fleuve glisse entre les arches sombres du Ponte-Vecchio. C'est « l'heure du Titien » : êtres et choses, amoureusement baisés par les obliques rayons crépusculaires, ont une douceur et une chaleur de coloris, une finesse dans les contours, que les aubes voilées et les midis rayonnants ne leur donneront jamais. Et, tandis que, du haut du Piazzale Michel-Angelo, j'assiste, une fois de plus, à cette merveilleuse fête des yeux : un coucher de soleil sur Florence ; — tandis que, de la ville charmeuse entre toutes les cités, un charme plus subtil, plus prenant encore s'exhale, mon regard se détourne du spectacle enchanteur, et fasciné, par delà le Monte alle Croci que gravit Dante et les cyprès de San-Miniato, fixe la première étoile.

Elle s'est levée, ce soir, auprès d'une tour aiguë, perdue en une masse de verdure. Sur la gauche du

délicieux Viale dei Colli qui déploie au flanc de la
Florence moderne sa verdoyante écharpe onduleuse
et parfumée, le rude sentier de Giramontino conduit,
en un quart d'heure, à cette fameuse Torre del Gallo
où Galilée vécut six ans et mourut aveugle. Est-ce
cela que l'étoile veut me rappeler ?

L'Arno d'or est devenu une coulée de feu. Le jour
se meurt sur la Cité des Lys, et, dans le parfum des
verveines qui s'exhale avec une violence délicieuse, la
pensée se plaît à évoquer les lampes éteintes.

Des âmes sensibles, plus éprises de pathétique que
de vérité, ont laissé courir la légende de Galilée,
aveugle, recevant là Milton aveugle. Le symbole y
perd-il, si l'on contrôle quelques dates ? Milton per-
dit la vue en 1651 — une de ses lettres en fait foi ; —
à cette époque, Galilée était mort depuis neuf ans.
Leur rencontre à la Torre del Gallo ne peut se placer
qu'entre 1638 et 1642. L'enthousiaste et fougueux
Anglais, pour qui la liberté était un dogme, qui savait
haïr si passionnément et qui souffrit de la tyrannie
des évêques, était alors le beau jeune homme aux
joues délicates « qui restèrent colorées jusqu'à la fin »
nous dit Taine. — Par un crépuscule pareil à celui-ci,
tandis qu'il contemplait Florence, éclose à ses pieds
comme une fleur et riant entre les mélèzes, alors
que le vieillard ne percevait que l'arome pénétrant
des verveines, le frisson soyeux des oliviers ou la
chute pesante d'un fruit mûr lui révélant l'automne
savoureux, — Milton rêvait déjà au Paradis Perdu.
— Mais, près de cet aveugle sereinement résigné qui,
persécuté par le Saint-Office, excommunié, abreuvé
de dégoûts, finissait en paix sa vie grâce à la magnificence éclairée des Médicis, — sous les vignes aux
longs bras chargés de grappes pesantes chantant l'é-

ternelle joie de la terre féconde, — pouvait-il deviner que, une quinzaine d'années plus tard, il écrirait lui-même : « mes yeux, quoique purs, sans tache ni « souillure, privés de lumière, ont cessé de voir. « Pourtant je ne murmure pas : qui me soutient ? « La conscience de les avoir perdus, usés, pour la « défense de la Liberté ».

En 1636, à la demande d'un lettré français, Galilée était allé voir, dans la petite maison qui existe encore devant le poids public, son voisin, le peintre Susterman, le bel Anversois épris de l'Italie, qui trouva à la cour des Médicis plus de liberté que dans les Flandres Espagnoles. — La piété affectueuse de Torricelli, la bonne grâce du propriétaire du portrait qui consentit à s'en dessaisir en faveur de Ferdinand II, la prudence du Cardinal Léopold qui le légua aux Offices, assurèrent à Florence la propriété d'une œuvre maîtresse où le peintre de talent, en harmonie parfaite avec l'austérité simple du modèle, sut se révéler peintre de génie. La barbe inculte et blanchissante, la collerette froissée, disent le dédain du savant pour les détails matériels. Le pinceau élégant qui se plaisait à faire chatoyer les brocarts pesants, à froncer les dentelles fines sur les gorges des grandes-duchesses, à draper les écharpes soyeuses sur les cuirasses ciselées, modela le lourd visage du penseur, le haut front lumineux, saisit l'éclair du regard perdu dans les contemplations stellaires. — Puissance vraiment magique de l'artiste, statuaire ou peintre, qui peut, — sinon éterniser, — du moins fixer, pour quelques siècles, la grâce d'un sourire, l'éclat d'un regard, la lampe où rayonna la flamme du génie !

Chèrement aimé des disciples qui l'entouraient, il

put finir ici sa vie tourmentée, dans la tranquillité
que lui assura la protection des Médicis. Sa haute
pensée luit sur Florence, blanche comme l'étoile que
chanta Carducci au Quarto d'où bondit Garibaldi :

> E tu ridevi, stella di Venere,
> Stella d'Italia, stella di Cesare...

De ces hauteurs stellaires, descendons modestement par l'exquis viale dei Colli. Florence sourit
entre les pointes des cyprès, se cache, coquette, et
reparaît, charmeuse. L'altière tour du Palais-Vieux se
dresse tragique, la coupole de Brunellesco s'arrondit
comme une fleur entr'ouverte sur le fond harmonieux de Fiesole. Les villas médicéennes se devinent
aux pentes souples du Morello, éclairées par les feux
obliques du couchant. Passons au pied de San-
Miniato qui présente à la ville sa radieuse face où
s'attardera jusque dans la nuit un caressant rayon,
et voici, sur la vaste esplanade qui longe et domine
l'Arno, l'homme en qui s'incarne le plus complètement la Renaissance, le feu même : Michel-Ange.

Le *surhomme boche* se complaît à sortir de l'humanité. — Si Michel-Ange est un surhomme, c'est
qu'il fut en tout l'être le plus profondément et le
plus sincèrement humain qui fut jamais. — Son âme
était violente et tendre, emportée et exquise, tragique et douce infiniment. Imprégné d'un pessimisme
farouche, et dévoué à l'extrême aux quelques êtres

qu'il chérissait, il a tout du feu : l'étincelle qui allume le génie, la flamme qui vacille et réchauffe doucement, la flambée qui tourbillonne, qui brûle, qui dévore. Cette âme brûlante ne pouvait être mue que par des sentiments éprouvés par le feu. Pendant plus de vingt ans, jusqu'à sa mort, une platonique passion pour l'auguste Vittoria Colonna pouvait seule remplir son cœur. Ses disciples l'aimaient avec ferveur, et le beau Cavalieri eut la consolation de lui fermer les yeux. Lorsque, aux anniversaires, aux fêtes nationales, la bannière tricolore flotte sur le Palais-Vieux et le Bargello, l'âme de Michel-Ange erre paisiblement par les parterres fleuris, au pied du David et des quatre statues gisantes. Son cœur doit se réjouir : Italien du Risorgimento il le fut, trois cent trente ans avant Villafranca, alors qu'il fortifiait San-Miniato contre Charles-Quint.

*
* *

Un bloc de marbre mal équarri attendait à Florence, un artiste qui voulût bien utiliser une ébauche manquée. Travail malaisé, que refusa le grand Léonard. La Seigneurie voulut-elle marquer sa confiance au sculpteur, jeune encore, dont la renommée grandissait, ou lui tendre un piège? En 1501, le bloc fut porté à Michel-Ange qui l'accepta.

Qu'il devait être beau, le fougueux Florentin, fouillant avec rage du maillet et du ciseau, faisant voler les éclats dans la fièvre de son travail titanesque ! Quelles heures il dut vivre, aussi ardentes que celles de la Sixtine ! La haine le harcelait, et l'envie basse, et la jalousie de qui, ne pouvant l'atteindre, cherchait à le renverser. Il se vengeait sur la matière, noblement, comme le soleil, en illuminant. Bientôt, dans sa nudité blanche et svelte, le David parut, radieux, baigné de lumière blonde, tel l'Apollon grec châtiant les admirateurs de Marsyas. En sa souplesse élégante et nerveuse, c'était toute son âme que Michel-Ange livrait à sa patrie, sa grande âme naïve et sincère, pleine de violence et de tendresse, âme d'enfant et de héros. Et tandis que la forme se précisait vigoureuse et puissante, des vers très doux chantaient en lui :

« Al dolce mormorar d'un fiumicello... »

Le fier colosse repose aux Beaux-Arts, depuis 1873. Il y étouffe, il lui faut le grand air ; mais la tendresse des Florentins veut le protéger. Au perron du Palais-Vieux, une reproduction le remplace, à côté de l'Hercule et Cacus de Bandinelli qu'on osa lui comparer. Pourquoi discuter lorsque des cabales montées faussent les jugements? Le bon sens toscan plaça les deux œuvres côte à côte : à l'avenir de juger.

Michel-Ange détestait le Vinci. Le grand passionné ne pouvait comprendre le serein génie qui vivait hors du temps et de l'espace. L'indépendant qui devait fuir le joug des papes, mystifier les cardinaux, laisser sans réponse les appels de Cosme Ier, méprisait le nomade qui, pour vivre, avait besoin des Sforza, du Borgia, ou du roi de France. Et tandis que sa fougue et son attachement aux Médicis exilés l'entraînaient en pleine bourrasque, il raillait celui dont la devise était : « Fuis les orages ».

Ce qui l'éloignait du Vinci le rapprochait de Dante. En un sonnet douloureux, il chanta : « L'étoile de haute valeur méconnue du peuple ingrat », mais il enviait le sort du haut génie contre lequel il eût échangé « tous les bonheurs du monde ». Il illustra de croquis à la plume un bel exemplaire de la Divine Comédie qui fut perdu dans un naufrage, et s'offrit à faire un tombeau digne de l'Alighieri, mais le projet n'eut pas de suite.

La Florence moderne unit leurs souvenirs. Comme deux beaux fleurons couronnant une gerbe embaumée, leur âme veille sur la Cité des Lys. En 1860, alors que Rome, la belle endormie, attendait le Héros qui devait l'éveiller, la municipalité florentine créa ce splendide Viale dei Colli qui déploie, au-dessus de la rive gauche de l'Arno, sa ceinture onduleuse et parfumée ; et, tout en haut du Monte alle Croci que gravit Dante, érigea, sur le Piazzale Michel-Angelo, une reproduction en bronze du David, sur un piédestal supportant les statues couchées de San-Lorenzo, également reproduites en bronze.

Ravenne, jalouse, garde l'Alighieri. Rome, par surprise, se laissa ravir Michel-Ange, qui fut transporté avec pompe à Santa-Croce. Pourtant le Buonarroti n'y repose point. Son âme s'évade du très laid tombeau de Vasari, et par les crépuscules, radieux comme les apothéoses de l'Angelico, il vient converser avec l'ardent gibelin, au pied des cyprès de San-Miniato et des bastions qu'il éleva contre Charles-Quint. Sous les étoiles qui s'allument près de la maison de Galilée, la brise leur porte les vers de Hérédia :

« Titan que son désir enchaîne aux plus hauts faîtes... »

Les vapeurs de l'Arno dessinent les formes blanches de Béatrice et de Vittoria Colonna. Pourquoi sourire ? Une fidélité de trente ans, une vie entière de fidélité, sont plus faciles à certains que les mensonges de quelques jours qui suffisent à la foule. Les âmes visitent les lieux qu'elles ont chéris. Dante vient admirer cette « mère de peu d'amour » dont il ne put jamais oublier la beauté, et près de lui, Michel-Ange, dont les yeux ne virent jamais « sa » coupole de Saint-Pierre, contemple les plus nobles lignes qui soient au monde, répétant ce qu'il disait à ses amis : « Reposer pour l'éternité, là d'où je pourrai contempler la coupole de Brunellesco. »

Les morts dorment maintenant sur les anciens bastions transformés en tertres fleuris. — L'Arno glisse entre ses trois ponts comme une écharpe onduleuse. Sur l'autre rive, face au Piazzale, Santa-Croce, le panthéon florentin, se dresse retenant encore quelques pâles lueurs. — Ils sont là, Michel-Ange et Galilée, mais non Dante que retint Ravenne jalouse. Ils ont d'assez laids tombeaux où leur âme doit se sentir étouffée. Mais ils viennent tous trois par les nuits étoilées sur l'esplanade qu'une géniale pensée moderne érigea, comme un piédestal aux plus pures gloires de l'adorable Ville des Fleurs.

Sandro Botticelli

« L'Amour ne séjourne ni dans un
« corps, ni dans une âme, ni dans aucun
« lieu où rien ne fleurit, où tout est
« flétri. Mais s'il rencontre un lieu rem-
« pli de fleurs et de parfums, il s'y
« arrête et s'y repose ».

PLATON (*Le Banquet*),

Un « inquiet » qui vécut à une époque troublée, ni serein comme Raphaël, ni indifférent comme le Vinci, un sincère à qui manquait la force morale d'un Michel-Ange — Elans sublimes, réactions désordonnées, tout le Quattrocento est en lui et en ses œuvres.

De lui, notre Louvre possède deux madones, un portrait de jeune homme pâle aux yeux ardents — et les deux belles fresques de la Villa Lemmi, où la pauvre Giovanna Tornabuoni et son jeune époux Lorenzo se peuvent à peine voir sous une vitre miroitante, en haut du triste escalier Darù.

L'enfance de Botticelli ne lui promettait qu'une vie assez humble, à l'horizon borné. Mais Sandro se sentait différent de sa famille, et la perspective de tenir boutique sur le Pont-Vieux ne l'enchantait guère. Son père, irrité de le voir « sempre inquieto » le plaça chez un orfèvre qu'il quitta bientôt pour entrer à l'atelier de Filippo Lippi dont il devait plus tard élever le fils.

En cette deuxième moitié du xve siècle, l'individualisme se développait merveilleusement, et les artistes échappaient à la loi commune. Le joyeux fra Filippo ne voulut jamais quitter le froc, ni accepter les dispenses d'Eugène IV pour épouser la nonne Lucrezia Buti ; ce qui ne l'empêcha pas de laisser six filles et son fils Filippino. En plus de l'art de peindre, il apprit à Sandro la joie de vivre. La jolie madone du Louvre est de cette époque. Très grave, d'un type particulier à Botticelli, elle enserre l'enfant, et l'enfant se presse contre elle avec une tendresse exquise ; le saint Jean coule un regard énigmatique, et tient entre ses bras, d'une finesse toute florentine, une croix qui pourrait aussi bien être un lis. Des fleurs enveloppent le groupe délicieux et font penser aux strophes de Poliziano : « autour d'elle sourit la forêt — du regard elle apaise la tempête. »

Des fleurs partout, dans l'œuvre de Sandro. En lui l'amour avait trouvé son nid et s'y reposait. Des fleurs dans la madone au berceau de roses, dans ce couronnement où les anges pourraient les semer sans fatigue, éternellement, du même geste harmonieux. Des fleurs sur la robe flottante de la Primavera auprès de l'Anadyomène des Offices, de la Vénus de Londres, sur les gazons que foulent les Grâces.

> Tant de fleurs s'enlacent en votre chevelure
> Qu'elle semble un jardin de roses ;
> Et j'en vois tant en vos mains blanches
> Qu'elles semblent un jardin de grenades.

Avec les fleurs, des parfums flottent. Parfums dan-

tesques du Purgatoire : « manibus date lilia plenis » ?
Ou rose mystique du Moyen Age agonisant ? Ou plutôt « bella rosa purpurea » — « bella rosa del giar-
dino » de la Giostra ?

Et l'amour flotte avec les parfums ; Sandro est à
la cour des deux Médicis, parmi les humanistes.
Madone, mortelle ou déesse, la « femme » s'identifie
avec la fleur, elle passe... L'une évoque l'autre invinciblement ; le peintre ne les conçoit plus l'une sans
l'autre. La belle Simonetta Vespucci, — l'amante de
Giuliano dei Medici, — fleurit, sourit, embaume
et meurt. Tout Florence la pleure, et la « morbi-
dezza » de la Primavera, le charme poignant de la
Vénus des Offices, pour les siècles évoquent sa frêle
image.

Après la tragédie, le drame : le poignard des Pazzi
tue Giuliano à 25 ans. — Lorenzo trône, seul et
triste. Il a bien fait de chanter :

> « Chi vuol esser lieto sia,
> Di doman, non v'è certezza. »

Il est sans amours humaines : sa femme, orgueilleuse et bonne ménagère, n'a cure de le seconder ni
de pénétrer son âme. Il n'a qu'une maîtresse, mais
qu'il aime passionnément, farouchement, au point
de refuser l'absolution pour ne pas renoncer à elle :
Florence. Il meurt en 1492 et les siècles ne l'appel-
leront plus que « le Magnifique ».

Toute joie était morte au cœur de Sandro, morte
avec les deux frères. De Rome où il avait passé un an,
il était revenu écœuré. Affolé, il avait vu la mère de
Lorenzo Colonna au portique de Sant' Apostoli, de
ses mains vengeresses élever un chef sanglant : « Voici
la tête de mon fils et la bonne foi de Sixte IV. »

« *L'Inquieto* » retourna à Florence, mais ne retrouva
plus « *le lieu rempli de fleurs et de parfums.* » Il cria,
pleura avec Savonarole, et mourut en 1510, infirme
et décrépit. L'amour n'avait pu reposer en lui qu'au
temps de sa jeunesse. Heureuses les âmes fortes
comme celle de Michel-Ange, qui, au-dessus des
bourrasques de la vie, jusque dans leur vieillesse
ardente, respirent l'atmosphère sereine d'un amour
immuable, d'une amitié fidèle, jeune éternellement !

Deux portraits

L'un à Florence, aux Offices ; l'autre au Musée de Turin. A deux époques différentes et décisives de sa vie, Léonard de Vinci s'est peint lui-même, avec une vérité, une acuité saisissantes.

Nul n'a traversé la galerie des Offices sans subir l'attraction de ces longs yeux magiques dont le regard profond glisse, inquisiteur et serein, entre les paupières fines, sous l'arc hautain des sourcils. Le nez est long, très long, avec les narines exquises dont la sensualité est corrigée par la ligne sinueuse et pure des lèvres. Tout le charme et la distinction de l'aristocratique beauté florentine, quelque chose qui tient du saint Georges de Donatello et du David de Michel-Ange. Et malgré la barbe de fleuve et les longs cheveux blanchissants, cette fraîcheur d'éternelle jeunesse qui pare les êtres dont la vie très pure s'imprègne d'un idéal élevé.

La passion, l'enthousiasme, toute la sincérité du fougueux Michel-Ange, avaient exercé sur moi la séduction d'une vérité parfaite. Et voilà que, devant le portrait du Vinci, je sentais comme un reproche ; les grands yeux allongés semblaient me dire : « Et moi ? Quand chercheras-tu à me comprendre ? »

A quelques semaines de distance, je visitais le

Musée de Turin. « Il » m'attendait là, non plus sous
la forme séduisante du Florentin hautainement distingué, mais sous les traits d'un fier vieillard aux
lèvres serrées en une moue de dédain. Le regard n'a
rien perdu de son acuité, mais le sourcil l'écrase d'une
broussaille protectrice ; de nobles rides achèvent de
donner l'expression à ce type d'Homère ou de demi-
dieu.

Entre les deux portraits, une vie ; et comme légende
on pourrait graver la parole de l'Ecclésiaste : « Vanité des vanités, tout n'est que vanité ».

Le Vinci n'eut qu'un idéal : le désir — qu'une
œuvre : la recherche — et qu'un amour : l'inconnu.
Le démon de l'activité le possédait, et dès qu'une
chose lui semblait possible, elle cessait de lui paraître intéressante. Aussi, toute sa vie, fut-il « l'errant »,
le chercheur d'idéal, l'énigmatique. Tandis que le
génie ardent de Michel-Ange ne pouvait se satisfaire
qu'en réalisant ses rêves, le génie du Vinci le pous-
sait à concevoir l'irréalisable. Si peu de vies furent
inspirées d'un aussi haut idéal, peu de vies furent
aussi décevantes.

Jusqu'en 1499, il est à la cour de Ludovic le More,
où il prépare la statue équestre de *Francesco Sforza*
— qu'il n'acheva pas. — En 1500, il est à Venise, puis
sert Borgia comme ingénieur militaire jusqu'en 1503.
De retour à Florence, il peint la *Sainte-Anne*, du
Louvre, la *Joconde*, et prépare les cartons de la *Bataille d'Anghiari*. En 1507, Louis XII le trouve à
Milan ; en 1513, Léon X l'accueille à Rome, et dit
bientôt de lui : « Ce chimiste ne nous donnera rien
de bon : il commence par où il devrait finir ». Enfin,
en 1515, il rencontre François Iᵉʳ, sous la triple auréole de la jeunesse, de l'héroïsme et de la victoire,
et s'attache à lui.

N'est-ce pas un symbole, que cette rencontre du premier roi moderne du royaume des Lys, et de ce génie surhumain qui incarne, sous la forme la plus séduisante, le génie italien ? Le Sforza, le Borgia, le Médicis avaient reçu, payé, honoré le Vinci. Le Valois s'attache à lui et l'aime. Il lui donne le Clos Lucé, à mi-pente sur la douce colline qui unit les coteaux du Cher à ceux de la Loire sereine. On ne peut visiter ce petit manoir, le propriétaire s'y refuse ; et peut-être fait-il bien, tant les lieux ont dû perdre de leur parfum d'autrefois. Mais ce qui n'a pas changé, c'est la ligne sinueuse des collines, c'est l'harmonieux dessin de la Loire. Les yeux du grand Léonard ont dû errer sur ces méandres et, songeant peut-être à la Toscane lointaine, ce grand batailleur, qui n'aimait et ne cherchait que la lutte, étudiait un plan d'irrigation de la stérile Sologne dont il rêvait de faire le centre des voies de pénétration de France et d'Italie ; seul peut-être, à son époque, à vouloir plus intime l'union des deux peuples, et à concevoir ce qu'ils pouvaient gagner mutuellement à se connaître davantage.

Qu'il s'agisse d'une farce d'atelier, d'un automate, d'un portrait où il devait laisser son âme, d'un plan de citadelle ou d'un air de viole, Léonard accomplissait tout avec le même sérieux, la même profondeur. Le charmant et le sublime, l'exquis et l'horrible l'attiraient également. La même main qui s'attardait aux iris et aux ancolies de la *Vierge aux Rochers,* traçait les plans des machines à voler, à explorer le sein des mers, ou croquait des grotesques.

Mais ce grand chercheur parfaisait rarement son œuvre. Au Louvre, une de ses délicieuses esquisses nous en laisse l'amer regret : *Isabelle d'Este,* la femme la plus active de la Renaissance, peinte par l'artiste, dont le génie était la mobilité même, quel document nous aurions eu là !

Et maintenant, où repose-t-il ? Ses cendres, enlevées de la chapelle Saint-Florentin, où sont-elles ? Sous la dalle, plus que simple, que la famille d'Orléans fit apposer dans la ravissante chapelle du château d'Amboise, où fut transporté un corps qui semble être le sien ? Qu'importe ?

La *Cène* de Sainte-Marie-des-Grâces s'estompe à Milan, emportant chaque année un peu de ce qui fut si longtemps la pensée dominante du Vinci. Mais de telles pensées sont fécondes, et n'ont pas besoin de revêtir une forme matérielle pour porter des fruits. Le génie du Vinci fut assez éthéré pour planer librement dans l'espace. Il est comme nos héros de l'air : la meilleure demeure pour de tels esprits, c'est l'élément qu'ils ont dompté, où les entraînera ce qu'ils ont eu de plus grand que nous : « l'Aile ».

*
* *

« *Il prendra son premier vol, le grand oiseau,* « *conduit par un homme vivant, sur le dos de son grand* « *cygne, remplissant l'univers de stupeur et les livres* « *de sa renommée, donnant gloire éternelle au lieu de* « *sa naissance.* »

Il a pris son vol, le grand oiseau, il a franchi les plus hautes montagnes du globe, atteint le prestigieux Cipango des rêveries médiévales. La presse de tous les pays a suivi son essor avec anxiété, et l'homme vivant qui montait le grand cygne est né sur la douce terre de France. Aux sphères les plus hautes, aux horizons les plus lointains, palpita l'aile française... Miracle d'énergie, d'endurance, d'audace. Peut-être, mais plus encore, et c'est là que se révèle surtout le miracle : ordre, science pratique, mesure dans l'élan comme dans le repos, économie des forces pour en obtenir le maximum de résultat. Ce sont, plus que les qualités brillantes, les vertus solides de la race qui ont triomphé : l'avenir peut être envisagé sans crainte.

Il a fallu quatre cent dix-neuf ans d'efforts, d'essais, d'échecs, de réussites partielles, pour que des lignes écrites en 1505 puissent devenir la plus haute et la plus vaste des réalités. C'est la même pensée qui avait dicté à la même main :

« O ! dormeur ! Quelle chose est le sommeil qui res-
« semble à la mort ? Pourquoi ne fais-tu pas œuvre
« qui te laisse, quand tu ne seras plus, l'apparence
« d'un parfait vivant, au lieu de te faire, pendant ta
« vie, par le sommeil, semblable aux tristes défunts ? »

Quatre siècles de sommeil, et depuis le premier raid de Wilbur Wright, voici vingt ans, au camp d'Aüvours, quel réveil ! L'aile française a secoué la poussière des vieilles théories, et réalisé le principe du plus léger que l'air, si cher aux frères Montgolfier — aux mioches des Tuileries — pour leurs ballons de baudruche.

« O fausse lumière ! — écrivait encore la même
« main, combien d'autres, avant moi, tu dois, dans les
« temps passés, avoir misérablement trompés ! »

Et par dessus les temps, les esprits qu'anime le même souffle doivent s'unir dans l'éternelle jeunesse

des âmes : « *Chose acquise dans la jeunesse arrête le*
« *dommage de l'âge. Et si tu comprends que la vieil-*
« *lesse a pour nourriture la sagesse, conduis-toi de*
« *telle façon que ta vieillesse ne manque pas d'ali-*
« *ments* ». — Quatre siècles ne sont rien, et la pensée
décidément ne subit pas les atteintes du temps « *des-*
« *tructeur des choses, qui fit gémir Hélène pâlie*
« *devant l'image que lui renvoyait son miroir.* »

Ne sont-ils pas du même âge, le prophète du début
de la Renaissance et le réalisateur moderne ? N'y
a-t-il pas entre eux une de ces fraternités mystérieuses des esprits supérieurs qui unit au-delà des
siècles ? Et quand nos glorieux aviateurs Pelletier
d'Oisy et Besin, puis Costes et Le Brix eurent foulé
de nouveau le sol français, il n'y eut pas de mains
françaises pour fleurir, à Amboise, la tombe du Père
de la science moderne, le glorieux hôte du Clos
Lucé, le plus complet des génies latins, le divin
Léonard de Vinci.....

CHAPITRE III

Umbria Verde

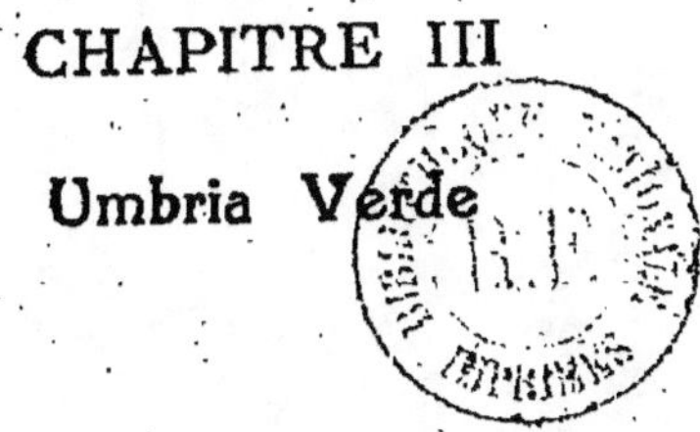

« Umbria verde »

———————

« *Cor magis tibi Siena pandit* ». Le gracieux salut
de la porte siennoise m'était allé au cœur, comme
il touche certainement tous ceux qui visitent l'Italie
avec amour. Sienne a la parole ; Pérouse a le geste ;
elle accueille, les bras étendus, comme les grands
christs byzantins ; et puis elle les referme lentement,
à mesure que le tramway paresseux serpente au long
des remparts, et elle enveloppe, elle enserre, elle
presse, comme les douces madones de Bonfigli.

L'âme dilatée, les yeux éblouis, je respire avec délices, au centre même de la ville, à 400 mètres au-
dessus du Tibre dont j'aperçois les méandres entre
les croupes de l'Apennin. Nos deux fenêtres, l'une au
sud, l'autre à l'ouest, m'appellent l'une après l'autre :
deux échappées sur l'infini.

Infini d'espace, infini d'art, infini de souvenirs. Là,
plus qu'ailleurs, l'esprit latin triomphe, parce que là,
plus qu'ailleurs, il a beaucoup lutté, beaucoup souffert. Ma fenêtre de droite découpe son échancrure sur
deux courbes jumelles, si souples qu'elles semblent
s'élever et s'abaisser au rythme d'un souffle humain.
Chargé de nuages, où traînent des reflets roses, un
grand pan du ciel les couronne : le soleil se couche
sur le lac Trasimène. En un songe pareil à celui de

Detaille, dans la brume dorée, je vois les légionnaires de Flaminius rouler dans les eaux sanglantes, et, entraînant ses mercenaires vers les délices de Capoue :

« Le chef borgne monté sur l'éléphant gétule »

Peuplades étrusques, canonniers de Paul III, armées napoléoniennes défilèrent en ces plaines, autrefois marécageuses, où court le frisson des oliviers et des vignes. Rome prochaine se devine, se pressent. Cette merveilleuse et onduleuse Ombrie est le point de jonction entre la Toscane étrusque, subtile et fine, et le Latium glorieux et puissant.

La semaine dernière, nous errions par le Casentino, la charmante vallée à la fois riante et sévère où des castels hautains comme celui de Poppi émergent des frondaisons luxuriantes. Au-dessus de Pratovecchio, le château de Romena, dont parle Dante, dresse des tours en ruines parmi les châtaigniers. Tandis que nous buvions à la source, des enfants venaient puiser avec leur gros fiasco entouré de paille ; un vieux paysan nous offrit de traverser ses terres pour prendre un raccourci. Tout en cheminant parmi les vignes aux longs bras tendus, il nous conta qu'il avait guidé par le même chemin, quelques mois auparavant, Gabriele d'Annunzio, peu après son retour de Fiume : Nature, Poésie, Epopée ! ô Italie, terre trois fois aimée des Dieux !

Près de Pratovecchio, Stià s'élève vers la montagne, ce Falterona mystérieux d'où l'on découvre les deux mers latines. Tout près l'un de l'autre, deux fleuves naissent : l'un, au nord, coule vers la cité adorable entre les cités, la ville aimée de Minerve et de Vénus, à qui revint l'ineffable honneur d'être la première capitale de la troisième Italie ; l'autre court vers le sud et, après des méandres sans nombre, boueux, tragique, en colère, s'endigue entre deux murailles dans la ville Éternelle. « *Ainsi les fleuves vont deux à deux comme les âmes* » dit Michelet. Après avoir rêvé devant l'Arno, à Florence, j'attends, le cœur battant, de rêver devant le Tibre, à Rome.

Avec le cercle de montagnes qui l'entoure, la merveille de Pérouse, c'est sa fontaine. En vingt-quatre ans, fra Bevignate, les deux Pisani et Arnolfo di Cambio font ce don merveilleux à la ville : les sources du Mont Pacciano captées, amenées par un aqueduc, puis émergeant d'une triple vasque en trois cascades : Un joyau d'art enchâssant le plus merveilleux don du ciel après la lumière : l'eau, « *sorella acqua* » que chante Saint François, parce qu'elle est « *très pure, très humble et très chaste* ».

Pauvre frate Francesco ! Je l'ai cherché en vain par les rues en pente d'Assise, en rumeur pour la fête de Santa Chiara. Pas davantage je n'ai trouvé la douce Sainte Claire au fond de la crypte où son corps momifié est revêtu de satin blanc et couronné de fleurs. L'autocar trépidant qui nous montait vers la ville sainte faisait cabrer les petits veaux qui revenaient de la foire à la suite de belles vaches blanches ; les chevaux nerveux nous croisaient, filant à toute allure ; seuls, les ânes, d'un air têtu et renfrogné, semblaient nous écraser de leur dédain tranquille ; — j'ai vu un franciscain chasser du pied — doucement il est vrai, un pauvre chat galeux qui faisait sa toilette au soleil. Padre mio ! qu'eût dit votre maître Saint François !

Par ces jolis sentiers qui serpentent vers la plaine, les foules du treizième siècle suivaient le fils de Bernardone. Elles traversaient le pont romain qu'on voit

encore à Ponte San-Giovanni, pour gagner Assise la
blanche, étendue en losange aux pentes du Subasio.
Ou bien, par delà la Rocca hautaine, le Poverello
s'en allait prier aux gorges fraîches des Carceri,
parmi les chênes-verts ; des nichées, écloses de la
veille, y chantent chaque jour « *l'hymne au soleil* »
vieux de huit cents ans.

Tandis qu'à Santa-Maria-degli-Angeli la foule
dévote défilait en silence dans la chapelle de la Portioncule, je songeais à la doulouseuse inscription lue
à Arezzo, au porche de San-Francesco, et relative à
de déplorables dissensions politiques : « *Donnez des
fleurs aux victimes de la haine en signe de paix et
d'amour* ». « *L'Umbria verde* » des poètes, fertile,
sereine et douce, est faite pour la joie de vivre dans
l'effort commun, comme toute l'Italie, et non pour
s'épuiser en des luttes fratricides, à la grande joie des
ennemis auxquels rien ne coûte pour entretenir la
discorde.

Quand l'ennemi avoué ou non est si bien organisé,
qu'il s'implante par le commerce, agit par la presse
tendancieuse, emploie toutes les armes pacifiques
que son hypocrisie doucereuse peut lui suggérer,
pourquoi nous, les frères latins, restons-nous inac-
tifs ? Il n'est jamais bon de laisser croître l'herbe
dans les chemins de l'amitié. Savoir la langue d'un
peuple est la meilleure façon de pénétrer son âme ;
se connaître davantage fait naître la confiance mutuelle, et dissipe des malentendus qui ne sont qu'ap-
parents, alors que les affinités créent des liens consa-
crés par les siècles, et resserrés encore par les efforts
jumeaux du Piave et de la Marne.

Esquisses franciscaines

Dans un de ses charmants volumes « Petites Villes d'Italie », M. André Maurel intitule un de ses chapitres : « A la confusion de M. Taine ». Boutade élégante : « C'est en contemplant les grâces tranquilles « de Fiesole que l'inquiet Michel-Ange bouillonna. « — C'est devant les chutes vertigineuses des rochers « d'Urbin que s'éveilla le calme Raphaël. » Soit. Mais l'exception ne fait que confirmer la règle, et chez un artiste, le contraste est encore une loi. — M. Taine peut être réhabilité pourtant : Saint François d'Assise est Ombrien, autant que La Fontaine est Champenois des confins de l'Ile de France.

Pour qui aime le paysage étendu, il n'est pas de ville plus séduisante que Pérouse, balcon suspendu au-dessus de la plaine d'Ombrie, d'où l'on découvre entre les oliviers la vallée sinueuse du Tibre naissant, les routes onduleuses que suivaient les foules au temps du Poverello, les ponts qu'il traversait en les entraînant derrière lui. De la haute terrasse qui s'élève à l'emplacement de la farouche Rocca Paolina, et d'où Carducci lança « Il Canto dell' Amore », un panorama splendide se déroule. En face, accrochées aux flancs de l'Apennin, juchées sur les plateaux ou

couronnant les cimes, voici les villes aux noms sonores ou légers, Spello, Foligno, la médiévale Montefalco, hautaine comme une forteresse, Montefalco où
Benozzo Gozzoli laissa courir si délicieusement le
pinceau, sur les murs du couvent franciscain... Et
puis, voici vers la droite, dominant les sombres vallées de chênes-verts, Trévi, Spolète, et l'industrieuse
Terni aux eaux ruisselantes. Par la plaine onduleuse
vont et viennent les attelages de bœufs, ces grands
bœufs à la poitrine large, aux yeux doux et bleus,
ces bœufs qu'aima Virgile... Et tandis que le soleil
s'effondre derrière le lac Trasimène, que ses derniers
rayons posent des taches roses sur les blanches cités,
voici que *

> « Scendon nel vespro umido, o Clitumno,
> « a te le greggi.....

Laissons descendre les troupeaux lentement, dans le
soir humide, vers la fontaine de Clitumne... C'est un
pasteur qui nous intéresse, un pasteur d'hommes.
Son berceau est là, à gauche de l'écran magnifique
déroulé devant nos yeux, dans ce petit trapèze de
bâtisses blanches mollement étalé au pied du Subasio. Le paysage auquel s'habituèrent ses yeux d'enfant est souriant, mais non folâtre — calme sans
mollesse, — doux sans mièvrerie. — Route qui unit
la Toscane au Latium, l'Ombrie mêle, en sa distinction sans morgue, la splendeur romaine au charme
florentin.

L'enfant qui contempla ce divin paysage ne prit
pas tout de suite le chemin d'être béatifié. L'orgueil
et les richesses de son père lui permettaient de mener
un train de vie assez peu édifiant. Il ne jouissait pas
d'une bien bonne renommée dans sa patrie, et de

toutes les sottises que peut commettre un jeune homme, il est probable qu'il en négligea bien peu. Une grave maladie changea le cours de ses idées, et lorsqu'un beau jour sa bonne mère, Madonna Pica, ouvrit toute grande la fenêtre de sa chambre, lorsqu'il sentit venir en bouffées vers lui les parfums de la terre ombrienne, qu'il vit s'allumer dans le crépuscule, une à une, les lumières de Bevagna, quand il entendit le chant des joyeux vendangeurs et les sonnailles des troupeaux, une grande mélancolie envahit son âme : le monde extérieur n'avait plus désormais de charmes pour lui.

Dante écrivit « Incipit vita nuova ». Un seul regard de Béatrice avait ouvert pour lui l'ère d'une vie nouvelle. Le fils de Bernardone n'écrivit rien, car il n'aimait pas écrire ; il se contentait de chanter, et ce n'était pas un regard humain qui avait pénétré jusqu'aux yeux de son âme. Jamais conversion ne fut plus soudaine, plus radicale, plus sincère, et telle était la simplicité de cœur du jeune homme qu'il n'aurait su trouver des mots pour exprimer le changement qui s'opérait en lui. C'est que François était avant tout poète, et que, chez les poètes, tout est intuition. Ils n'ont pas besoin de raisonner, ils vont droit au but, sans s'inquiéter du chemin qui les y mène.

Et comme un Poète ne peut être réellement poète sans avoir du soleil en lui, — et comme le soleil ne peut être du soleil que s'il rayonne autour de lui, — Saint François rayonne depuis sept siècles. Il édifie les croyants, charme les profanes, inspire les artistes et... fait rêver les penseurs et les constructeurs de systèmes.

*
·

Comme les femmes, les villes ont des visages. Il en est de belles qui n'ont pas d'expression. Il en est de laides qu'il fait bon regarder, car il s'en dégage un charme spirituel et puissant. Il en est d'harmonieuses qui témoignent d'une vie intérieure très intense.

Rome, Gênes, Paris, sont séduisantes par leurs contrastes. — Florence, Venise, Versailles ou Bruges sont de riches symphonies pures. — Mais jamais le chaos ne produira l'harmonie, pas plus que la richesse ne peut se substituer à la beauté. Telle église napolitaine, étincelante de marbres, fait songer à quelque écaillère ouvrant les huîtres avec ses doigts chargés de diamants ; — et telle chapelle parisienne où se célèbrent des mariages somptueux semblera toujours, grâce aux joliesses de la ferraille employée pour sa construction, quelque vulgaire hall de gare accueillant un vague souverain.

Pour que l'harmonie rayonne sur la ville, il faut qu'elle règne dans l'âme de ses habitants. Lorsque Brunellesco dota la cité de l'Arno de l'incomparable dôme de Sainte-Marie-des-Fleurs, l'humanisme florissait en Toscane. Banquiers et commerçants florentins s'arrachaient à l'envi les artistes, leur fournissaient des commandes. Une émulation d'un nouveau genre excitait l'une contre l'autre les familles rivales. L'une s'assurait de Gozzoli, l'autre de Ghirlandajo ; les Médicis firent éclore Poliziano et Botticelli, et le Magnifique sourit à l'aube de Michel-Ange.

Et lorsque, fasciné par la coupole de son aîné, l'ardent Buonarroti rêva de doter la Ville Eternelle d'un dôme semblable, il comprit que l'âpre grandeur de la Campagne romaine ne ressemblait en rien à la douceur de Fiesole et de San-Miniato. Il ne conçut pas la fleur s'alliant à l'élégant pistil du campanile de Giotto, mais la couronne suprême de la Géante, lourde de gloire et de passé. La coupole en harmonie avec la Ville, avec l'époque où l'or des caravelles affluait pour tapisser de mosaïques Sainte-Marie-Majeure.

Mais à quoi bon évoquer ces souvenirs et ces horizons lointains? Ne vivons-nous pas en un temps où l'on exhibe des cariatides soutenant cinq étages de maçonnerie, où les bas de soie chair ne redoutent pas les taches de boue, où l'on court les bois en souliers vernis, où l'on vend des chaussures ou des denrées alimentaires en robe de soie, où l'on rencontre au théâtre le smoking... et la casquette?

Si notre siècle est l'époque du progrès, comme le progrès est une belle chose!

*
* *

Au bas de la colline d'Assise, entre les oliviers gris et les haies vives bordant de coquettes et confortables habitations mi-rustiques, mi-citadines, la coupole de Vignola épanouit sa rondeur sous le doux ciel d'Ombrie. Pareille à un beau fruit mûr tombé d'un arbre géant, elle est splendide, hardie, vaste, avec sa plénitude somptueuse reposant sur des volutes calmes. Et jamais monument ne trahit plus cyniquement Celui dont elle prétend consacrer la gloire.

« Santa-Maria-degli-Angeli » — « Sainte-Marie-des-Anges » — ce nom subtil et pur qui semble fait d'un doux bruit d'ailes, comme il s'applique mal à cette prétentieuse bâtisse! et comme il s'applique plus mal encore au souvenir de Saint François! Ce vocable ailé n'est pas rare en terre italienne, et tous les amoureux, tous les poètes, connaissent la petite église dont la façade sourit au bord du lac de Lugano, l'une des plus séduisantes du monde, et sur les murs de laquelle le délicieux Luini laissa courir son pinceau. Une telle chapelle, vrai nid d'amour et de paix que parfument les cyclamens et les lauriers-roses, eût certes mieux convenu au souvenir de l'enfant d'Assise, le doux Poverello, le chaste époux de dame Pauvreté.

Sous l'énorme coupole, l'humble Portioncule est exposée à la vénération des fidèles — Ici, je perds la notion de ce qui est laid : une émotion me trouble, je regarde, j'écoute, et j'éprouve une impression d'une infinie douceur. Au rythme des litanies monotones, la foule défile. Elle entre par la façade de la chapelle minuscule, s'agenouille et sort par le côté, tourne et revient pour repasser par la petite porte, s'incline encore, et recommence indéfiniment, car il s'agit de gagner des indulgences. Croyance naïve peut-être, mais touchante aussi : en cette théorie bigarrée se pressent côte à côte, soumis au même rythme tranquille, à la même discipline sereine, toutes les nationalités. Le chapeau citadin voisine avec le fichu noué de la paysanne, et la prière est la même, aussi ardente, aussi passionnée...

Il est bien là, le souvenir de Saint François le petit pauvre qui voulut, à son heure dernière, « reposer nu sur la terre nue ». Et s'il est vrai que les âmes des défunts viennent volontiers aux lieux qu'ils ont aimés, comme il doit fuir la belle œuvre de Vignola, le Poverello, et sa trop belle basilique, campée sur la pente de la colline comme une hardie forteresse, pour se réfugier dans la sérénité de la montagne, en cette solitude des « Carceri » où le chant des oiseaux se mêle au murmure de la source, pour redire à chaque aurore l'incomparable hymne au soleil.

**

Dans l'ombre parfumée d'une étroite chapelle, à genoux, bien religieusement, la petite dévote épanche son âme. Ses cheveux sont coupés à la dernière mode ; un brin de rouge aux lèvres avive un sourire, que la méditation fait très grave ; et l'ombre qui erre autour des yeux n'est peut-être pas seulement celle des cils très longs.

Et quand, la prière finie, elle élève son regard vers le saint qu'elle implore, son visage est si calme, si confiant, que la bénédiction du ciel n'a plus qu'à descendre pour exaucer l'oraison.

Au fait, quel est-il ce saint bienheureux, dont l'image se dresse, entre deux rangées de cierges, bien alignés en arcs de cercle, et dont les pieds reposent sur une masse de roses ? Une belle cordelière blanche serre sa robe brune, deux taches rouges mettent comme une fleur sur ses mains, aux ongles très soignés ; un collier de barbe soigneusement ondulée entoure son visage délicat aux yeux profonds, tandis qu'une couronne de cheveux noirs, du plus gracieux effet, lui donne un air de « Fernand » dans la Favorite.

Et s'il lui était donné de venir faire un tour dans la petite chapelle ombreuse et parfumée, combien il serait stupéfait de lire, à la lueur vacillante des cierges, son nom et celui de sa ville natale : Saint François d'Assise.

D'abord, la première chose qu'il commencerait par envoyer au diable, c'est ce « tronc » pendu au mur,

ce tronc où gisent pêle-mêle de gros sous — et peut-
être quelques boutons, ce qui l'eût bien fait rire —
ce tronc qui symboliserait pour lui ce qu'il méprisa
le plus au monde : la possession de quelque chose.
Mais, à propos, c'est peut-être bien pour posséder
quelque chose qu'on l'implorait tout à l'heure ?

Et puis, il se regarderait longuement, et le fou rire
le prendrait, car il était très gai, et il se rappellerait
certaines petites scènes qui se passèrent jadis, il y a
un peu plus de six cents ans, par l'onduleuse plaine
d'Ombrie.

O ! rue Saint-Sulpice ! Combien ta bonne volonté
produit souvent d'étranges effets ! O ! Religion, que
l'art du plâtre doré et peinturluré commet de crimes
en ton nom !

*
•

Lors de notre séjour à Florence, il nous arrivait
souvent de rencontrer un mendiant fort pittoresque.
Il saluait avec le même sourire tous les passants, et
les suivait du même regard, qu'ils se soient montrés
ou non généreux pour lui. Avec ses loques et son
vieux chapeau troué, il avait grand air ; et je crois
bien que, vêtu d'un complet correct, il eût perdu tout
prestige, n'étant plus qu'un pauvre homme comme
tout le monde, au lieu d'être « le Pauvre », tout
simplement.

Un matin, alors que nous venions de sortir plus
tôt que d'habitude, nous rencontrâmes le mendiant
devant une fontaine. Sa chemise, d'un... gris douteux, était largement ouverte, et son chapeau de
paille béait à ses pieds. Des deux mains il frottait
son vieux cuir rugueux, et tandis que l'eau ruisse-
lait autour de lui, sans doute mis en gaieté par le

clair soleil et la fraîcheur matinale, il chantait de tout son cœur.

Et ce mendiant joyeux m'a fait songer au Pauvre d'Assise. La misère est triste en nos faubourgs de grandes villes, sous la pluie, dans la boue ; le pauvre n'est chez nous qu'un misérable rebut de notre imparfaite civilisation, que guette l'hospice ou l'hôpital. Mais là-bas, sous le doux ciel clément, la pauvreté devient une preuve élégante d'insouciance terrestre, un magnifique élan de confiance envers le Créateur qui prend soin du lis des champs.

Il chantait de tout son cœur.... Quelle belle élégante à sa toilette, quel homme du monde sortant de son tub, chantait à la même heure, comme ce mendiant? Et l'eussent-ils fait, que ce n'eût pas été d'un cœur si léger. Ce pauvre n'avait rien au monde qui l'empêchât de jouir de la douceur du ciel, de la clarté du soleil ; il respirait avec ivresse l'arome pénétrant des lauriers-roses, insouciant comme l'oiseau dont le poids léger faisait ployer la grosse touffe épanouie ; d'un œil amusé, il regardait passer la foule qui s'acharne à la conquête des biens de ce monde, comme s'il ne fallait pas un jour renoncer à toutes les choses vaines et périssables, et s'en aller pauvre et nu...

Il chantait de tout son cœur...Saint François l'eût aimé, ce mendiant qui célébrait à sa manière « sa sœur l'Eau » et « son frère le soleil » parce qu'il est joyeux et fort. Il l'eût aimé de n'être pas un loqueteux plaintif et lamentable, mais de revêtir sa misère du manteau royal de la divine gaieté, qui ne fleurit que dans les cœurs simples.

*
* *

Une de mes amies « bien pensante », d'un caractère assez craintif, s'effarait de voir aux mains d'une de ses filles un récit de la vie de saint François.

« Y songez-vous ! Un saint qui prend pour les vendre des marchandises qui appartiennent à son père ! et qui, réprimandé, renie ce père, publiquement, devant l'évêque ! »

J'avoue n'avoir jamais partagé l'émoi de cette prudente maman.... Il n'y a guère de chances qu'à notre époque, d'un si lourd matérialisme, beaucoup d'âmes soient tentées par l'idéal franciscain ; Saint François lui-même affirmait que sa règle n'était pas faite pour tous et renvoyait « dans le siècle » les égarés qui n'auraient pu la suivre. L'emploi que Bernardone faisait de ses richesses semblait peut-être autoriser son fils à en disposer à son gré, dans un but supérieur. Et d'ailleurs, pourquoi cela eût-il été une faute aux yeux du jeune homme, pour qui l'état de perfection était de ne rien posséder en propre ?

Dans la vie des poètes et des grands hommes, il n'est pas rare de retrouver les traits les plus caractéristiques des vieilles légendes, qui sont bien partout les mêmes, quelles que soient les latitudes et quel que soit le temps, parce que l'homme est toujours le même. Dans la légende du Rhin, quand Siegfried tue Fafner, un trouble l'envahit, un trouble fait de la joie de la victoire, de quelque crainte inavouée, de l'attente inconsciente d'un inconnu vaguement pressenti ; distrait, le jeune homme porte à sa bouche un doigt teint de sang du géant, et l'enchantement se produit : il perçoit le chant de l'oiseau lointain, il en comprend le langage, et le voici qui parcourt le monde, riche d'une science nouvelle.

L'adolescent d'Assise ressemble à ce Siegfried. Quand, après une jeunesse fort dissipée, il entre en convalescence, échappant à une grave maladie, il a subi l'enchantement ; il perçoit le chant des oiseaux, il en pénètre la signification. La mort qu'il a côtoyée a ouvert des horizons nouveaux « aux yeux de son âme » comme dit Hamlet. De la force brutale, malfaisante, aveugle qu'il immola, une goutte écarlate jaillit... et cette liqueur, le pénétrant, l'illumina jusqu'en ses profondeurs, fit de lui un autre homme, qui voit plus loin que ses semblables, jusqu'au cœur des êtres, qui contemple les âmes à nu, et sait voir l'âme des animaux et des choses inertes. Cette goutte vermeille, jaillie de son orgueil terrassé, de son désir de jouissances refréné, fit de lui l'archer sublime qui, dédaignant les buts vulgaires, visa le soleil au plein cœur de la cible, l'artiste incomparable dont le Poème fut un hymne constant à la Beauté comme à la Bonté.

Mère prudente.... n'ayez pas peur.... A supposer que l'exemple de Saint François donne un peu d'aile aux pensées de vos filles..., il leur restera toujours assez d'aspirations terrestres pour les enchaîner à vos côtés. On ne s'envole pas si vite sur les sommets de l'Arverne ; et d'ailleurs si elles étaient nées pour s'envoler, ni vous ni personne ne pourrait les retenir, pas plus que Bernardone et Madonna Pica...

CHAPITRE IV

"En foulant la poussière où gît l'orgueil romain"

En relisant Virgile

Je reçus, voici quelque temps déjà, un petit livre portant la dédicace : « *Civi romano civis atheniensis S.* » — Je remercie bien vivement l'aimable citoyen d'Athènes ; je souhaite à son œuvre tout le succès qu'elle mérite, mais je dois me reconnaître peu digne du très noble titre qu'il juge à propos de me conférer.

Je n'ai point certes « *l'âme romaine* » ; Curiace a toutes mes sympathies alors que j'admire à grand'peine son farouche adversaire, et j'apprécie bien moins l'art de donner de grands coups que celui de policer les peuples. Rome guerrière fut grande et sa mission divine. Rome civilisatrice est plus grande encore, et sa mission éternelle.

C'est à Rome que notre Gaule dut le sourire des blés, le frisson de l'olivier, la splendeur des vignes. À Rome qu'elle dut les grandes routes et le ruissellement des eaux courantes en ses cités nouvelles. A Rome qu'elle dut de connaître et d'aimer la beauté. Les Gaulois avaient des mœurs très douces, peut-être, mais ils aimaient assez à se quereller après boire ; les sacrifices humains rougissaient parfois le pied de leurs chênes sacrés, et nous avons hérité de ces braves ancêtres une crédulité charmante, certaine mobilité d'esprit, et cette pitié souvent intempestive qui compromet les plans les plus solidement établis ou fait avorter les fruits de la plus chère victoire. Qu'on se rappelle Vercingétorix faisant le vide devant les Légions, mais épargnant Avaricum suppliante et ruinant ainsi la cause qu'il défendait. L'inflexible sévérité n'est-elle pas plus salutaire que la compassion maladroite ?

Si Rome fut dure par nécessité, elle ne se montra jamais cruelle par plaisir. La rigidité de ses lois militaires était toujours justifiée, comme le furent les arrêts terribles que prononçait la grande Convention, en ces jours où l'on ne pouvait que vaincre ou mourir. Devant l'ennemi victorieux Rome ne faiblissait pas et disait tranquillement : « *A force de nous battre, Annibal nous apprend à le vaincre.* » Le malheur n'était pour elle qu'une école d'énergie.

Rome, c'est l'ordre, la raison claire, la force agissante. La noble Athènes fut créatrice de beauté, mais tomba sous le joug de Lacédémone et des Macédoniens. Si le génie grec ne sombra pas tout entier, c'est parce que Rome possédait cette force qui seule peut faire respecter la Beauté. « Le peuple qui élève une cathédrale, écrivit Barrès, ne doit pas négliger de fondre un canon pour la défendre. » Nos Gaulois n'étaient que de grands enfants dont Rome fut l'éducatrice, et le fameux « *Tu negere imperio populos, Romane, memento* » ; de l'Enéide ne me semble pas offrir un sens complet si l'on n'y joint les deux vers qui le suivent :

« Voici tes arts : imposer les lois de la paix.
Epargner les vaincus et dompter les superbes ».

Cygne harmonieux de Mantoue ! Toi que notre

vieille Sorbonne vient de fêter aujourd'hui, toi que le Moyen-Age vénérait comme un enchanteur, accomplis ce miracle d'unir à jamais les cœurs et les esprits latins. Qu'ils se pénètrent, et se comprennent, et s'aiment chaque jour davantage. Qu'ils n'aient tous qu'une même âme pour vénérer la Rome antique, et qu'un même cœur pour chérir la Rome d'aujourd'hui !

*
* *

Le spirituel Grégoire XVI, raconte Gaston Boissier dans ses Promenades Archéologiques, demandait toujours aux voyageurs qui prenaient congé de lui combien de temps ils étaient restés à Rome. Il disait adieu à qui n'avait fait qu'y passer quelques jours ; mais à qui venait d'y séjourner longuement il disait « au revoir ».

L'automne précoce met une douceur inaccoutumée sur le beau visage austère de la Rome estivale. Des orages fréquents, de fraîches ondées courbent les ramures déjà jaunies. De la haute terrasse du Monument à Victor-Emmanuel II, j'ai joui de toute la ville, cercle immense que jalonnent le Garibaldi du Janicule, la coupole de Saint-Pierre, les cyprès du Monte-Mario, notre rieuse Villa Médicis, le morne Quirinal, les hauts jardins Aldobrandini, les fraîches coupoles de Santa-Maria-Maggiore, et les affreuses statues du Latran. Et le charme opère chaque jour un peu plus, un charme étrange, jamais ressenti, que nulle ville ne peut donner, parce que nulle ville n'est aussi riche de passé. Alors, quand la grandeur des souvenirs exalte jusqu'à lasser, quand le poids des siècles finit par écraser, il fait bon courir au-delà de la Campagne romaine, vers Frascati la fraîche qui drape ses chênes-verts sur les onduleux monts Albains, vers la farouche Rocca-di-Papa qui s'agrippe au tuf volcanique, ou vers la souriante Castel-Gandolfo, au long des pentes embaumées de cyclamens qui longent les coupes de saphir d'Albano et de Nemi. On s'évade, ou, plutôt, ou croit s'évader : cette longue bande, au pied du Monte-Cavo, c'est le plateau d'Albe-la-Longue, et cette route pavée de dalles antiques mène là-haut vers le temple de Jupiter Latialis, Jupiter gardien des Monts...

Villas orgueilleuses, exécrables monuments baroques, banales petites cités modernes, tout fait ici figure d'anachronisme. C'est la terre antique où les dieux de l'Olympe restent malgré tout chez eux, et où seule la simplicité peut convenir aux édifices comme aux institutions nouvelles. — Elle serait comique, si elle ne donnait à réfléchir, cette Sainte-Agnès de la Voie Nomentane, dont le corps d'albâtre oriental provient d'une statue païenne. Des cardinaux dorment en des sarcophages où nymphes et déesses de marbre drapent leurs formes souples ; de pieuses mains versent l'eau lustrale en des vasques enlevées au culte des Immortels ; des évêques ont pour trône d'antiques sièges de bains, et les vieilles basiliques chrétiennes reposent sur les merveilleuses colonnes des temples païens. Le nouveau culte adopte les vieux symboles : pampre de Bacchus, colombes d'Aphrodite, paons de Junon, attributs des saisons. Orphée domptant les fauves devient le Christ, charmeur universel, et l'exquise Psyché personnifie l'âme humaine que vivifie l'amour divin. Eternel renouveau de l'esprit éternel.

Il est des villes comme Parme, Modène, Naples,

où le « baroque » est purement atroce. Ici, il est, de plus, impie, car il a beaucoup détruit. L'exaspérante coquille, l'exubérante rocaille, ne se contentent pas toujours d'encombrer de superbes vaisseaux, comme à Saint-Pierre, comme au Latran. Parfois, et c'est le cas pour la plupart des églises de Rome, les oripeaux du style Jésuite dénaturent complètement l'édifice. Heureuses les églises cachées en un quartier lointain ou déserté, qui durent à leur modestie d'être oubliées des impitoyables reconstructeurs!

La fureur d'édifier empêcha même çà et là de détruire. Le voyageur pressé qui entrerait à Saint-Clément, à mi-chemin entre le Colisée et le Latran, ne verrait qu'une église à plafond doré, un beau dallage en « opus alexandrinum » seize belles colonnes antiques formant trois nefs, un chœur à balustrade de pierre flanqué de charmants ambons aux incrustations délicates et la très belle mosaïque de l'abside. Il ne prendrait pas le temps de voir que cette église du xvii° siècle recouvre une basilique dont le narthex garde des fresques du ix° et du xi°, et que cette construction, aujourd'hui souterraine, repose elle-même sur des murailles datant, les unes de la Rome impériale, les autres de la République. Là s'élevait la demeure de Saint Clément. Après son martyre, Trajan confisqua ses biens et, par bravade, établit le culte de Mithra dans la maison même du Saint : l'autel du sacrifice, la vasque pour les ablutions, se voient sous la voûte encore revêtue de ses caissons de stuc. Un filet d'eau murmure en ce réduit humide et sombre, il semble dire la chanson des heures, tandis que l'on remonte vers l'église souterraine, mélancolique en son demi-jour, des heures qui s'écoulent lentement, inlassablement, jusqu'à former des siècles. Et sur le seuil de l'église aérienne, lumineuse et parée, l'écho de sa petite voix dit l'infinie grandeur et l'infinie vanité de toute chose...

Un coup d'œil vers le cloître, et les pensers mélancoliques s'envolent. Il est minuscule, ce cloître, mais exquis. Trois palmiers grêles, autour desquels se pressent des géraniums rutilant au soleil, et voilà l'hymne à la vie, l'humble vie de chaque jour, qui chante dans l'âme. Républiques, rois, empereurs, papes, dieux antiques, tout a passé, ou passera ; mais il y aura toujours, comme il y a, comme il y eut, des êtres de bonne volonté, pour qui la grande chose est de vivre, tout simplement, dans la beauté, dans la bonté, dans l'amour.

ROME. AU PALATIN :
Stade de Domitien, et villa Mills (aujourd'hui détruite).

OSTIE
La Victoire.

Ostie

Nous avions quitté Rome le matin à la nuit noire, par une de ces pluies battantes qui ne sont pas rares au début de l'automne. La lourde automobile ruisselante qui nous emportait se ruait dans les flaques d'eau, éclaboussant le seuil des maisons, au long des rues étroites qui vont de la place de Venise au théâtre Marcellus. Un tel déluge ne nous effrayait pas : le clair soleil de notre douce Italie ignore la mauvaise humeur, et ses bouderies ne sont jamais de longue durée. A Saint-Paul-Hors-les-Murs la pluie cessait ; et sur la route des Trois-Fontaines, un peu d'or pâle rayonnait déjà.

L'auto filait, à toute allure, sur une route droite désespérément, qui devait s'étirer sans un coude, sans la moindre ondulation, tout au long des vingt kilomètres qui séparent Ostie de Rome. Quelques rares arbres çà et là ; quelques masures, plus rares encore. — A droite, le Tibre, étroit et profond, entre ses roseaux. — A gauche, tous les quatre kilomètres, une maisonnette close, toute neuve : une des futures gares de la voie ferrée actuellement en construction.

La tapageuse vapeur, l'odieuse ferraille mouvante, réussira-t-elle à rendre la vie à cette contrée morte, de laquelle se dégage une tristesse infinie ? — Une halte au nom sinistre : « *Malafede* », mauvaise foi.— Un voyageur descendit, grand garçon aux beaux yeux doux, qui nous observait avec une curiosité bienveillante, et répondit à notre adieu courtois avec un élan presque reconnaissant. L'auto s'était arrêtée devant une minuscule maisonnette : le Bureau de Poste ! — Peut-on songer sans un frisson au fantôme d'employé qui vit dans cette cahute, ne recevant peut-être pas dix lettres par mois, et pour qui le passage bi-journalier de cette voiture doit être la distraction suprême ?

La ligne est tracée jusqu'à Ostie ; les travaux sont menés activement, et, près de Malafede, une importante agglomération se dessine. Des maisons neuves, des fermes avec leurs granges, et de grandes portes charretières comme celles de notre Brie s'élèvent de tous côtés. Les tuiles rouges de leurs toitures mettent des flammes d'espoir sur cette désolation. Nous n'allons pas jusqu'à la plage et descendons à Ostie-Ville.

Qui n'a pas vu la moderne Ostie ne peut pas savoir ce que c'est qu'une cité déchue. Des bâtisses calamiteuses, élevées au hasard, sans nul souci d'alignement ni de groupement pittoresque, presque toutes menaçant ruine ; des poulets étiques, picorant au milieu des mares, par les ruelles tortueuses ; des paillasses qui sèchent au soleil, à côté de l'étalage d'un fruitier…. Par un coupe-gorge sombre : « le Corso », nous atteignons la grand'place, sorte de cul-de-sac au bout duquel une porte ouverte nous fait signe. Entrée latérale du Dôme, sans doute. Dans un grand vestibule, des fragments de sarcophages : nous distinguons les plis de chitons antiques, des bras portant des buccins, des rames et des proues, des poissons et des néréides. L'escalier gravi, une cuisine s'offrant à nos yeux, nous flairons « *la gaffe !* » — Silence de mort. Pas une âme. Un chat passe, je le caresse, je le questionne : il est content, mais ne répond pas. — Un autre corridor, puis une salle où, sur la cheminée, sourit une Madone : nous sommes dans les appartements de l'évêque ! Car la ville aux cinq cents habitants a conservé son « évêque », lequel n'y fait que de rares apparitions fugitives.

L'escalier descendu en hâte, même silence, même désert. Notre visite faite à l'humble, la très humble cathédrale, un écriteau nous apprend, à la porte du château, que d'importants travaux et l'aménagement des collections ne permettent pas d'y pénétrer. Nous devons nous contenter d'admirer, de l'extérieur, les armes pontificales, en haut-relief sur le maschio crénelé. A cinq minutes de là, les ruines de l'antique Ostie nous attendent.

Un gardien triste et doux nous accueille courtoisement. Sa figure s'éclaire lorsqu'il s'informe de notre nationalité, et qu'il voit que nous entendons l'italien.

« Les visiteurs français sont rares, dit-il. *Avant la guerre, nous voyions surtout des Allemands. Quant aux Anglais, ils filent en auto et ne descendent même pas. »*

Hélas ! Nos compatriotes nous condamneront-ils éternellement à baisser le front en apprenant partout que *« là surtout venaient des Allemands »*. — Hélas ! Quels Français voit-on en Italie ? Ceux qui exécutent le rite du voyage de noces, et feraient mieux de rester chez eux, car les amoureux ne voient rien... qu'eux-mêmes, et les autres voient tout... de travers ; — ces caravanes trépidantes qui consacrent deux heures au Vatican et cinq minutes à la Sixtine ; — ou bien ces croyants que remorque un curé de campagne et

qui ne voient rien que l'orteil de bronze du Pêcheur.
— Qui vient en Italie pour y chercher des Italiens
d'hier ou d'aujourd'hui ? Un original par-ci, par-là,
et c'est tout.

*
* *

A dix minutes de la Rocca farouche rêve l'antique
Ostie. On y entre au levant, par la voie des tombeaux,
et l'on gagne une sorte de carrefour où s'érige une
forme inoubliable. J'avais aperçu de loin sa masse
blanche, toute droite sur le ciel, et dominant les ruines amoncelées autour d'elle. Et plus nous avancions,
plus l'émotion me gagnait, à mesure que les traits
charmants se précisaient : Fine et svelte, ses longues
ailes pliées au long du corps, comme pour dissimuler aux ondulations de la tunique la misère des bras
mutilés, la jambe gauche légèrement fléchie, elle
semble s'arrêter un instant avant de reprendre son
élan. La grâce juvénile du visage est tempérée par
une gravité sereine ; noble sans hauteur, doux sans
mièvrerie, le modelé des joues a un tel charme que
j'en oublie le nez écrasé.
— « Pauvre Victoire ! Elle est tombée face à l'ennemi !
— Elle fut trouvée ici même, dit le gardien, la face
en terre, tournée vers Rome. De la sœur qui supportait avec elle l'arc triomphal érigé à l'entrée de la ville,
nul débris ne fut retrouvé... »
Histoire lamentable entre toutes : Ici, l'ennemi ne
fut pas le Barbare. Ce fut simplement l'oubli, l'absence, l'abandon, qui met la mort au sein des villes
comme au cœur des êtres. Ostie ne fut ni prise, ni

détruite. Ostie n'eut pas de siège à subir et nul barbare aux yeux de flamme ne la convoita. Ostie mourut, abandonnée. Les incursions des Sarrasins rendaient son séjour dangereux ; le Tibre, se détournant, empoisonna son atmosphère ; et, la mer se retirant, son port fut inutile. Alors les hommes ingrats qui l'avaient aimée pour la vie facile qu'elle procurait, les hommes se lassèrent d'elle, et le temps l'ensevelit dans l'oubli.

Et pourtant les marchands l'avaient parée à l'envi, ornant ses quais de mosaïques, à rendre Pompéi jalouse. Un philanthrope y avait créé ces vastes hôtelleries où les commerçants pauvres pouvaient faire halte avant de continuer leurs odyssées périlleuses. Des empereurs y résidaient volontiers, et les thermes publics ont gardé des panneaux de mosaïques contant les noces d'Amphitrite avec une grâce charmante et un rare souci d'harmonie dans les détails ornementaux. Dans l'un des vomitoires du théâtre, un torse de Vénus puissante dresse sa nudité blanche, et près du temple de Vulcain, protecteur de la ville, un puits enclôt des siècles de mystère.... Pourquoi ces maigres débris m'émeuvent-ils plus encore que tous les trésors pompéiens ?

Sur l'herbe douce qui s'étend là où fut le port, et m'allongeant sous les pins qui ombragent le temple de Cérès, je crois avoir trouvé la réponse : Si passionnante que soit Pompéi, Ostie, pour moi, le sera davantage, pour la raison qui me fait préférer Fontainebleau à Versailles. La cité du Vésuve, complètement détruite, venait d'être réédifiée lorsqu'elle fut ensevelie en 79. Ses maisons construites à peu près toutes sur le même plan, n'étaient que des pied-à-terre de riches patriciens, qui venaient y chercher, parmi les œuvres d'un art raffiné, des distractions manquant parfois de raffinement. Ostie n'était pas une ville de luxe, mais de travail, par conséquent un organisme complet. Elle avait ses rues élégantes et ses ruelles étroites, ses masures et ses maisons bourgeoises qui parlent à l'imagination autant que les thermes, les palais et les temples élevés par la volonté d'un seul.

Si la joie de retourner à Ostie nous est encore donnée, de quelles découvertes nouvelles nos yeux se délecteront-ils ? Quel appoint l'humble cité déchue portera-t-elle aux chercheurs passionnés qui se penchent sur les pierres, parce que ces pierres ont abrité des hommes qui aimaient, haïssaient et souffraient comme eux ?

Ces huit heures passées parmi les ruines nous avaient semblé bien courtes. En regagnant la triste route où l'automobile devait nous reprendre, nous songions malicieusement à l'infortuné Claude dont la litière suivit le même chemin, un jour que Messaline avait par trop dépassé la mesure. Puis nous évoquâmes le beau visage de sainte Monique dont nos pieds foulaient peut-être la cendre. Et longuement, longuement, ne pouvant nous résoudre à partir, nous avons médité devant la douce Victoire mutilée...

Le couchant éclairait son flanc gauche, et, de minute en minute, nous voyions, un à un, s'empourprer les plis de son chiton. J'attendais avec une impatience d'enfant que le soleil effleurât sa joue et cette ligne délicate du col qui la faisait si jeune. J'évoquais les jours lointains où parmi les rumeurs de la cité bourdonnante, elle supportait l'arc triomphal auprès de sa sœur disparue, la chanson des flots qui berçait leur sommeil par les nuits bleues, les grands oiseaux de mer dont les ailes frémissantes frôlaient le bout de leurs ailes rigides. De toute la force de mon désir, lui donnant le mouvement, je la voyais s'élancer radieuse, la face tournée vers la Ville Eternelle, volant au-devant des destinées de la jeune Italie. Alors, dans un élan irrésistible et fou, j'ai élevé mes lèvres vers la pierre tiède et dorée, et j'ai baisé avec ferveur le bas de sa tunique.

Au Capitole, dans la grande salle des
Conservateurs, que décore l'Histoire […]
des Curiaces, en présence des […] de
Florence et de Ravenne, par l'organe […]
M. Corrado Ricci, la ville […] le […]
tenaire de la mort de Dante. Elle […]
cette commémoration, la date […]
qui marqua le point de départ de […]
nouvelle Italie, et la réalisation […]
entrevu par le poète […]

Et tandis que, entre les statues […]
d'Innocent X — (ô ironie !) — il faut […]
écouter la parole de l'orateur, […]
temps en temps et courir jusqu'au […]
Garibaldi de bronze, caracolant […]
œuvre accomplie.

Quelques jours auparavant, […]
[…] j'avais gravi la pente de la […]
la hauteur, la forme d'où le regard […]
cité. Le spectacle […] rien […]
ressemi l'élan éprouvé sur la […]
que je vis pour la première fois […]
la coupole de Sainte-Marie […]
dans l'Arno, sous le pont Vieux […]

l'émoi qui m'étreignit sur la lagune, lorsque je vis sourire l'Anadyomène sous le double baiser de la lumière et des flots. De la terrasse suspendue au-dessus de la capitale de la troisième Italie, j'ai vu des toits, des coupoles, en masse, et j'ai cherché le Tibre sans parvenir à le découvrir.

Rome n'est pas un visage : c'est une âme, c'est une pensée. Pour l'aimer, il ne suffit pas de la voir, il faut la connaître, la pénétrer : elle ne se donne qu'à ceux qui l'ont cherchée longuement, et longuement désirée. Que me dirait cette ligne de pins qui souligne le Monte-Mario, si je n'étais pas ici depuis un mois bientôt ? Ces coupoles de San-Giovanni dei Fiorentini, au premier plan, de Santa-Maria-Maggiore, de Sant'Andrea della Valle et des deux églises de la place du Peuple, tout au lointain, je les prendrais volontiers l'une pour l'autre. Ce colossal monument à Victor-Emmanuel ne serait, pour moi, qu'une prétentieuse bâtisse si, à plusieurs reprises, je n'en avais pas compris et constaté la très haute et très juste signification. Rien, à Rome, ne prend au premier regard. Les choses sont comme jalouses de leur âme, et ne la livrent pas au voyageur pressé.

Le flot des souvenirs m'envahit. Le soleil qui s'incline vers Saint-Pierre, à ma gauche, illumine tout là-bas, devant moi, de hautes fenêtres. Invinciblement mon regard revient à ces fenêtres scintillantes ; elles semblent de grands yeux largement ouverts sur le spectacle recueilli de la ville qui s'endort. Et la façade sur laquelle elles se découpent semble un beau visage attentif, et souriant au milieu d'une opulente chevelure de chênes-verts et de pins centenaires : c'est notre belle Villa Médicis qui s'érige, sereine et douce comme une Minerve antique ; et le spectacle que, de ses balcons, elle offre à ses pensionnaires, est le plus beau spectacle de Rome, avec ce panorama du Janicule.

Le soir tombé jette sa mélancolie sur les choses. Un dernier rayon dore les ailes du Saint Michel du Château Saint-Ange. A droite, vers l'Aventin, des reflets laissent deviner un des méandres du Tibre. Un son grêle et doux s'élève, et meurt bientôt. De nouveau, les souvenirs affluent. Cette cloche, qui m'émeut ce soir, faillit être fondue en 1840. Mais le héros au visage léonin, qui se dresse à deux pas de moi, aussi délicat que brave, s'y opposa énergiquement : « *Respect aux cloches qui sonnèrent pour l'agonie du Tasse.* »

J'ai chassé de ma mémoire la ridicule statue du poète pommadé, aux jambes grêles, tel un figurant d'opéra ; et, de Saint-Onufre, je n'ai retenu que *l'Annonciation* délicieuse de Melozzo da Forli, les fresques du malheureux Dominiquin, et les trois petites pièces où les moines conservent la mémoire de l'auteur de la *Jérusalem délivrée*. Le chêne, au pied duquel il vint se reposer, se meurt un peu chaque saison ; mais c'est le même soleil qui se couche derrière la coupole de Saint-Pierre, et qu'il vit sombrer pendant les vingt-cinq jours qu'il attendit la mort. C'est le même soleil qui bronza les fronts triomphants des héros du Risorgimento, lorsqu'à la Porte Pia ils saluèrent la Capitale conquise et donnèrent à l'Italie moderne l'élan vers ses nouvelles destinées. Et ce passage d'une lettre de Garibaldi me semble la conclusion de l'éloquent discours de M. Ricci : « *En grande partie, cette Italie, nous la devons aux poètes.* »

Atrium des Vestales et Basilique de Constantin.

Le Colosse

Comme c'était le monument antique le plus proche de notre place Victor-Emmanuel, nous aimions à passer au Colisée ces instants de flânerie qui comptent parmi les plus délicieux moments des voyages. Lorsque les farouches gardiens nous chassaient du Palatin ou du Forum par un « *chiuso* » retentissant, nous remontions la Voie Sacrée, à l'heure où le soleil couchant embrase le Capitole qui vient s'enchâsser dans l'Arc de Titus, et nous allions nous asseoir sur les genoux du géant. Nous étions bien peu de chose pour sa masse, mais sa masse ne nous écrasait point. Le ciel d'or pâlissait peu à peu ; une à une les étoiles s'allumaient sous la voûte immense qui semblait recouvrir d'un velum d'azur l'immense arène. La lune montait lentement, et sa lueur glissait par les ouvertures béantes. Alors, les chauves-souris et les papillons de nuit commençaient leur ronde, et le sourd bruissement de leurs ailes semblait lointain comme une rumeur d'autrefois.

Tout le poids des siècles passés pesait sur nos épaules : siècles de gloire et d'orgueil démesuré — de décadence, de déchéance, puis de profanation et d'oubli.

A vingt ans, c'est surtout au clair de lune que je

l'eusse aimé. Encore baigné des lueurs du couchant, par la noblesse de ses lignes, son harmonie dans le colossal, la chaleur de son coloris contrastant avec la lueur froide des astres naissants, ses substructions baignées d'ombre, et les vulgaires becs de gaz de la Ville Eternelle brillant au travers des longs vomitoires, il peut frapper encore l'imagination la moins romantique.

Aujourd'hui, c'est au plein soleil de midi que je lui trouve sa véritable signification : monument d'orgueil, l'orgueil du zénith convient à sa grandeur élégante et brutale. Les durs rayons de l'astre mordent la pierre avec violence ; et la pierre, heureuse sous ce baiser passionné, se dore comme les beaux pampres sur les coteaux albains. Les fragments des blanches statues étincellent ; ils brûlent, et, dévorés par la flamme, ils éblouissent l'imprudent qui s'en approche, l'étourdissent et lui font rechercher l'ombre des arcades.

La statue colossale de Néron, haute de trente mètres, qui s'éleva d'abord entre le Colisée et le temple de Vénus et de Rome, puis fut transportée au centre de l'amphithéâtre Flavien, fit croire qu'il s'agissait d'un temple du Soleil. Scandalisé de voir les pèlerins le visiter plus volontiers que les églises, le pape Saint Sylvestre en ordonna la destruction ; — le Moyen-Age s'empara des crampons de fer scellés de plomb qui retenaient les blocs de travertin ; — les pontifes établirent des églises dans l'arène ; — les Mécènes de la Renaissance élevèrent le Palais Farnèse et la Cancelleria avec les matériaux qu'ils venaient, la nuit, dérober au titan ; — Sixte-Quint pensait en faire une cité ouvrière ; — des bandits s'y réfugièrent ; — on y porta des immondices ; — il devint un charnier ; — comme il avait connu toutes les gloires, il connut toutes les déchéances. Mutilé, balafré, percé de coups, il se dresse comme un gladiateur qui voulut mourir debout.

> Tant que durera le Colisée, Rome durera.
> Quand tombera le Colisée, Rome tombera.
> Quand Rome tombera, tombera le monde.

Si grand, si vénérable soit-il, je ne puis oublier que les blocs qui le composent furent traînés par des Juifs travaillant sous le fouet, et que, lors des fêtes qui célébrèrent en 80 son inauguration, quinze mille bêtes et cinq mille chrétiens furent immolés. L'orgueil, le sang, la mort, le souillent aux siècles de sa gloire, comme en ces jours où Commode descendait dans l'arène, et ne rougissait pas de compromettre la dignité impériale en faisant le boucher, — tuant cent ours à lui seul, cent ours qu'on lui amenait dans des cages pour qu'il fût plus facile de les atteindre, — égorgeant un tigre, un éléphant, un hippopotame, aux cris des cinquante mille spectateurs qui hurlaient par ordre : « Tu es le maître, tu es vainqueur, tu le seras à jamais ! » Un jour qu'il avait coupé la tête à une autruche, et la présentait aux sénateurs d'un geste menaçant et avertisseur, Dion Cassius, pris d'un rire inextinguible, n'échappa à la mort qu'en mettant dans sa bouche les lauriers de sa couronne ; ce que l'histrion prit pour un hommage !

Tandis que le soleil fait rougeoyer le sable, par un de ces contrastes dont l'Italie est si riche, je m'imagine voir traîner sur l'arène qui but à longs flots le sang des gladiateurs, des martyrs chrétiens et de nos frères les animaux, la robe brune de Saint François. Et par delà le Forum, je cherche la tour du Capitole, opposant la finesse de ses lignes, la noblesse de ses souvenirs, sa puissance toute spirituelle, à la force brutale et tragique du Colisée...

FORUM ROMAIN
Temple d'Antonin et Faustine.

Voie sacrée.
Au dernier plan, le Colisée.

Les deux Pôles

Le Moïse

La masse du Colisée nous écrase, allons respirer
quelque souffle plus humain, et, pour regagner l'Es-
quilin, gravissons les pentes du Fagutal jadis couvert
de hêtres. C'est un des coins les plus caractérisés de
Rome, et la petite place qui le couronne est une
oasis délicieuse, où la curiosité des choses du passé
et la soif de l'art peuvent s'abreuver à longs flots.

Parmi les rondes enfantines et les groupes formés
devant les portes ouvertes, nous gravissons l'onduleuse Via Polveriera. Peu d'étrangers s'y risquent,
on nous repère bientôt. Mais comme nous ne passons jamais près des enfants sans leur sourire, les
chaises se reculent vite pour nous faire place, et l'on
répond fort allègrement à notre habituel « *buona
sera* ».

Rapide, la rampe de quarante mètres longe les
Thermes de Titus, et nous gagnons la petite place.
Au nord, le palais Borgia, avec sa tour crénelée, ouvre
sa voûte sombre sur le rude escalier qui descend vers
Suburre. Là vécut Vanozza Gaëtani, la concubine
d'Alexandre VI — alors Rodrigue Borgia, — la mère
de Lucrèce et de César. Peut-être, là, fut reçue celle

que tout Rome appelait « la sposa del Cristo », l'é-
hontée et ravissante Julia Farnèse, dont la beauté
survit au tombeau de Paul III, telle qu'un jeune fou
se suicida pour elle, ensevelie depuis longtemps, et
que le Bernin dut la revêtir d'une légère tunique, —
la splendeur de ses formes étant plutôt déplacée sous
la coupole de Saint-Pierre. De sa fenêtre dominant la
via Giovanni Lanza, la Vanozza voyait le ravin de
l'antique Suburre où notre grand Hérédia évoque :

« Messaline rôdant sous la stole pourprée. »

L'orgie de la luxure, après l'orgie de grandeur du
Colisée, est-ce là ce que nous venons chercher ? Certes non. Le soleil, haut encore vers l'ouest, dore un
grand dattier qui semble abriter la lointaine tour du
Capitole, et met une note d'Orient sur le ciel de
vitrail. Le Capitole ! Encore Michel-Ange : c'est bien
ici l'oasis. Nous faisons demi-tour, et, religieusement, gravissons les degrés de Saint-Pierre-aux-
Liens.

« *Il* » est là, au fond de l'église, à droite, la tête
tournée vers le visiteur. Il attend, et, de son regard
magique, il suit, il arrête, il retient, il entraîne jusqu'à lui. Lorsqu'on vient de voir le Colisée, il est la
seule chose au monde qui sache rester grande. Colossal, il ne l'est pas. Les dimensions, je les ignore, je
ne veux pas les connaître. Il est tel, il est ce qu'il
doit être, comme sa divine sœur la Coupole : un
chef-d'œuvre entre les chefs-d'œuvre. Une bouffée
d'orgueil monte au front, lorsqu'on songe que ce sont
là des œuvres humaines.

J'oublie parfaitement Rachel et Lia qui l'escor-
tent, et ma pensée vole vers nos deux Esclaves du

Louvre, qui devaient l'accompagner. Génies torturés, souffrants, agonisants et nobles, ils s'opposent à lui, douloureux, dédaigneux, sévère :

« Pour dormir sur un sein, mon front est trop pesant. »

Il porte, comme un anathème, le poids de sa grandeur, mais jamais il n'eût proféré le jugement désabusé du poète de la Mort du Loup :

à voir

« Ce que l'on fait sur terre et le peu qu'on y laisse

. . . .

Seul le silence est grand, tout le reste est faiblesse »

Le gentilhomme romantique s'enferma dans sa tour d'ivoire, trouvant sa manifestation suprême dans la splendeur du verbe. L'artiste du Rinascimento trouva sa volupté dans la création. Il n'acheva pas, lui reproche-t-on ? Les Michel-Ange et les Vinci sèment à tout vent, et leurs ébauches seraient, pour d'autres, de magnifiques réalisations.

Il est là devant nous, et son calme nous étonne, nous pénètre. Le grand silence qui unit plus que les paroles nous enveloppe. C'est en cette œuvre que le noble Michel-Ange mit le plus de lui-même. La main droite repose sur le Livre, immuable comme la Loi ; la gauche se joue aux anneaux de la barbe de fleuve ; le beau pied droit, long et souple, s'attache au sol, âprement, comme les racines d'un chêne, et le gauche, replié, est prêt au sursaut. Nulle violence, nulle exagération de réalisme. Décidément, pauvre Bernin, votre David de la Villa Borghèse n'est qu'un garçon boucher ! — Moïse n'est pas au repos, il n'est pas en mouvement. Il est prêt à tout, à bondir, à tonner, à maudire ou à adorer, à tout, sauf à abdiquer. Il ne fait qu'un avec le vieillard qui, à quatre-vingt-huit ans, achevait la Coupole et, battu en brèche par d'infâmes imposteurs, parvenait à les convaincre de mensonge et d'incapacité, et se faisait rendre sa charge.

Vous qui avez aimé, vous qui avez souffert, déposez votre peine aux pieds de la Pietà de Saint-Pierre. Et quand vous aurez fait l'offrande de votre souffrance à la Mère de Douleur, gravissez le Fagutal, et venez prendre ici, devant le Moïse, des leçons d'énergie calme, de noblesse d'âme, et d'active résignation.

*
* *

La Pietà

Quand le peuple romain eut guetté pendant de longs jours la cheminée du Vatican, où la coutume veut que soient brûlés les bulletins de vote, le nouvel élu apparut à la loggia de Saint-Pierre et bénit la foule qu'ourlaient quelques rangs de « *grigio-verde* ».

Saint-Pierre de Rome ! Nom magique, vénéré, universellement connu. Symbole d'immensité, d'éternité ! Pardonnez-moi, mes amis de Rome, et vous surtout, gentille signorina Cornelia, qui aimez votre cité comme on aime d'amour, jusqu'à vous complaire en ses imperfections ! J'ai une affection trop profonde pour les êtres et les choses de chez vous pour ne pas parler en toute sincérité : admirer de confiance me déplaît autant que dénigrer systématiquement, et c'est en mes prédilections que je trouve le courage d'avouer mes haines.

Lorsque je vis la divine Coupole pour la première

fois, je ressentis plus large, plus profonde, à l'octave inférieur, l'émotion éprouvée à San-Miniato devant le dôme de Brunellesco. En harmonie complète avec la ville dont elles expriment l'âme, l'une en force dominatrice, l'autre en puissance de séduction, ce sont deux sœurs jumelles. Rome acheva Michel-Ange que Florence avait formé. L'antique tronc voit toujours sa fécondité s'accroître, lorsque, sous l'écorce rude, court la sève vivifiante et jeune du beau lis de l'Arno.

Les degrés franchis, le charme est déjà rompu : bagoût des guides importuns, empressement des marchands de bibelots, consigne obligatoire du kodak. — Puis, traversé le péristyle : ...stupeur, étonnement, souffrance profonde.

L'intérieur de Saint-Pierre, c'est le génie de Bramante et de Michel-Ange trahi, profané par le philistin Bernin et toute sa clique. J'ai aimé la polychromie aux voûtes de San-Marco, dans la lumière des lagunes. Je l'ai vénérée à San-Vitale, au long des nefs humides, au plus profond des absides ravennates. Ici, elle me choque. Elle n'est pas un manque de goût, mais un manque de foi, et reproduire en mosaïques « *la Transfiguration* » de Raphaël ou le « *Saint Jérôme* » du Dominiquin me semble quelque peu puéril. Que dire aussi de ce parti-pris de rompre la ligne du plus noble édifice du monde, par d'indiscrètes statues gesticulantes, l'emploi de la colonne torse, ou la pièce montée d'une gloire en bronze doré qui, à Versailles, serait à peine tolérable ?

Où fixer les yeux pour les reposer ? Ce monstre bouffi, de deux mètres de haut, qui soutient le bénitier à la hauteur de mon visage, a la prétention d'être un ange-enfant. A l'ombre des chapiteaux, des anges-éphèbes sourient niaisement, tandis que des anges-adultes brandissent des croix, allument ou renversent des flambeaux, agitent des palmes, suspendent au-dessus de nos têtes des clés ou des trirègnes qui font penser à l'épée de Damoclès, et doivent impressionner les « *papabili* ». — D'autres génies présentent galamment de charmants médaillons où s'inscrivent de bonnes faces grasses de pontifes onctueux. — Partout des pieds qui se trémoussent, des pans de draperies qui flottent, des bouts d'ailes qui pointent, des bras qui semblent s'arrondir pour la danse, des mains qui font de petits signes d'amitié...

Où s'agenouiller, où prier, où s'asseoir un instant pour laisser les impressions vous pénétrer doucement ? Un immense désert, sans un siège. Ici l'on passe, on ne se recueille pas. A peine quelques notes reposantes çà et là : le beau tombeau de Sixte IV, par Pollaiuolo, dont le bronze, si harmonieusement patiné, repose du miroitement des marbres ; la ligne pure, la noble ligne, enfin retrouvée, aux monuments de Canova. Qui n'a pas vu, au bas côté gauche, un ignoble squelette doré, brandissant un sablier, et agitant une énorme draperie de marbre rouge au-dessus de la porte de la sacristie, ne peut pas savoir quelle reconnaissance nous devons à Canova qui, par son retour à l'antiquité, nous délivra de ces horreurs. — Mais, le bon Dieu, ici, où peut-on le trouver ?

Le cœur navré, je m'effondre sur la balustrade de la première chapelle de droite. Béni soit le pape qui fit placer ici la Pietà de Michel-Ange, prévoyant, sans doute, des désespoirs frères du mien. Pauvre Madone ! Elle-même ne fut pas respectée : le style baroque l'agrémenta d'une croix polychrome et de deux anges sémillants qui la menacent d'une couronne, (dorée, naturellement). — « *Vous qui entrez ici, laissez toute espérance !* » semble-t-elle dire. Le beau corps qu'elle soutient sur ses genoux, ne personnifie-t-il pas le vaisseau splendide profané par des pédants, dont la sottise savante et prétentieuse croyait que l'or et le marbre à profusion pouvaient dispenser du bon goût? Décidément, ceux qui brûlent les églises insultent moins à la Divinité que ceux qui les enlaidissent.

Et humblement, très humblement, je dois avouer que ce pôle où convergent tant d'aspirations et de croyances, ne fut pour moi qu'une région glacée où, la pensée en désarroi, le cœur chaviré, je vins me blottir, une fois de plus, au pied d'une œuvre de Michel-Ange.

Les Dioscures

En 496, av. J. C., par un de ces crépuscules dorés qui semblent jeter des nuées de cyclamens sur les monts de la Sabine, deux cavaliers abreuvaient leur monture à la fontaine de Juturne. Ils étaient beaux comme les immortels,

« Et la sueur coulait de leurs visages bruns. »

Tandis que les vieux Romains qui devisaient en cheminant par le Forum admiraient leur fière stature, l'un des héros conta que le dictateur Posthumius venait de battre Tarquin sur le lac Régille, à trente kilomètres de là. — Un sceptique s'étonnant que la nouvelle en soit déjà connue, le guerrier toucha la la barbe de l'incrédule qui devint rousse, et le vieillard porta depuis le nom d'*Ahenobarbus*.

Posthumius triomphant dit comment il avait invoqué les Dioscures sur le champ de bataille, comment il les vit combattre à la tête de ses soldats, et fit élever en leur honneur un temple, qui compta parmi les plus beaux de la Rome antique, et duquel il ne reste plus que trois colonnes.

Parmi les voyageurs qui eurent la joie de visiter Rome, qui n'a laissé un peu de son cœur auprès de

cette poétique fontaine de Juturne ? Les trois colonnes la dominent, sur leur soubassement de tuf qui
semble les offrir au ciel. Elles ont quelque chose de
solide et d'aérien, de tranquille et de sublime, une
envolée merveilleuse, une harmonie parfaite. C'est
au couchant surtout qu'elles resplendissent ; leurs
cannelures lumineuses se détachent sur les masses
du Palatin déjà noyé dans l'ombre, tandis que les
trois beaux chapiteaux corinthiens s'épanouissent en
plein azur et retiennent les derniers rayons du soleil.
Elles disent aux générations nouvelles les hauts destins de la Rome antique, pour laquelle les dieux eux-
mêmes ne dédaignaient pas de combattre ; et dressées
parmi ces pierres du Forum, que l'homme insulta et
ruina plus encore que le temps ne put le faire, elles
semblent un « *Quand même* » héroïque et serein.
Elles se souviennent des jours où les beaux guer-
riers venaient baigner leurs chevaux blancs... La fontaine de Juturne s'est tue, le putéal qui l'encerclait
est solitaire et désolé. — Mais le parfum des jasmins,
qui monte de la maison des Vestales, semble l'encens
de la nature sur l'autel des dieux morts ; et les formes
blanches des vierges sacrées, rigides sur leur piédestal, et se mirant dans les bassins calmes, semblent
accomplir quelque rite antique parmi les roses qui
s'effeuillent en empourprant la cella.

Ils veillent encore sur les destins de Rome, les
beaux Gémeaux. Devant le Quirinal, sur la place de
Montecavallo, ils abreuvent leur monture — les
chevaux de Praxitèle — aux fontaines jaillissantes.
Au pied du Marc-Aurèle équestre, dominant la rampe
qui conduit au Capitole, ils tiennent leur coursier
par la bride. — Symboles de grâce, de force et de
victoire, de jeunesse éternelle et toujours renaissante,

au centre du Forum, devant la résidence royale ou l'antique citadelle, ils se dressent, tutélaires. Gardiens des mesures étalon de Rome, ils étaient les dieux de l'hospitalité, des athlètes et des navigateurs, et les femmes juraient solennellement « *par le temple de Castor* ».

Castor et Pollux, frères divins d'Hélène, vous qui resplendissez par les nuits bleues, guidez les nefs latines comme vous avez guidé l'esquif du grand Virgile, vers la terre des Dieux ! Détournez-les de l'écueil qui se cache sous les vagues tranquilles, et des nuées fumeuses du nord, et des souffles glacés du positivisme. Dissipez les brouillards qui font dévier leur course et pourraient les heurter l'une contre l'autre ; que les susceptibilités exagérées, les doutes naissants n'obscurcissent jamais vos rayons ! Guidez les deux voiles jumelles, ô Dioscures, vers leur idéal commun : « *plus de lumière, plus de beauté* » côte à côte, et dans une confiance mutuelle inébranlable.

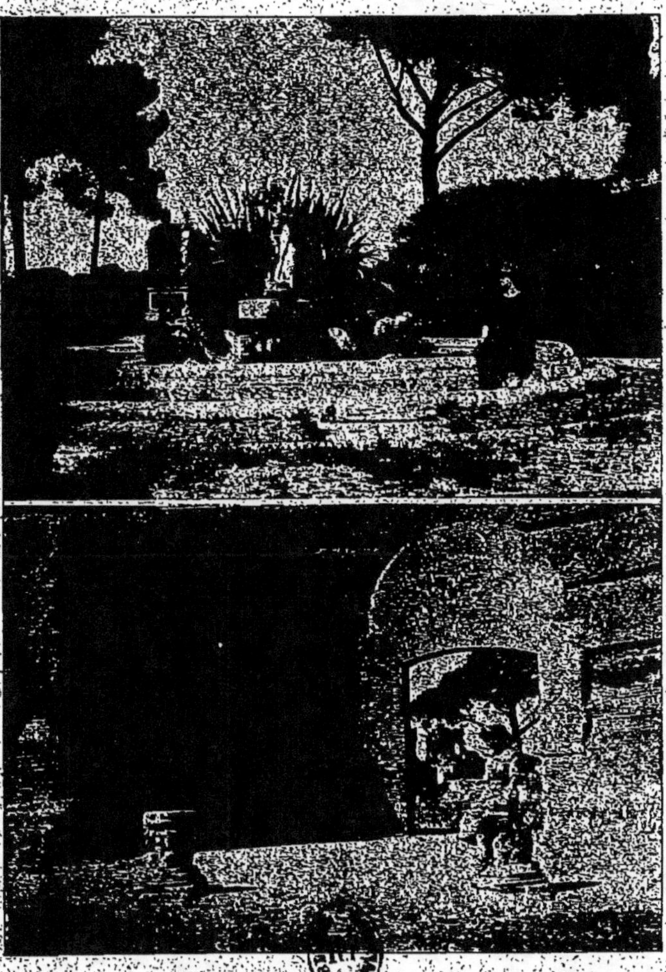

Environs de Rome : TIVOLI.
La Villa Hadriana.

De Tibur à Trianon

Si les voyages à l'étranger rendent l'esprit plus
large, ils ont encore cet avantage de faire mieux apprécier les « *choses* » de chez nous. Je ne dis pas « les
êtres », car ils sont les mêmes partout.

Cette année, retour d'Italie, nous courûmes à Versailles, par une de ces journées d'octobre où le
soleil semble être parti depuis des mois pour ne plus
revenir. Et jamais Versailles ne nous avait paru si
beau. Sur la grisaille lumineuse des pièces d'eau, les
statues de bronze allongeaient leur forme noire, dans
le cadre immense des frondaisons fumeuses, où flam-
bait çà et là quelque masse rutilante. — On eût dit
une eau-forte aux fouillés profonds, aux demi-teintes
transparentes, aux dégradés insensibles, aux opposi-
tions d'une harmonie parfaite : un peu d'or sur les
parterres, de rouille aux bosquets, de sépia aux ramures, de sanguine à la noble façade. Nous nous laiss-
sions prendre avec une ivresse d'autant plus profonde
que pendant deux mois nous avions joui des luxu-
riants jardins romains, des orangers et des cactus du
golfe de Salerne et des treilles ombreuses de Capri
et de Ravello.

Versailles, créé de toutes pièces par la fantaisie
d'un roi, évoque en nous le souvenir de cet autre

lieu de délices, né du caprice d'un empereur : la Villa
Hadriana.

Il ne me viendrait pas plus à l'idée de comparer
nos délicats paysages d'Ile de France aux horizons
merveilleux des fières collines albaines, que de
mettre en parallèle l'imposante salle des Glaces avec
la féerique Piazza d'Oro. Et si les deux œuvres sont
jumelles dans ma pensée, c'est parce qu'elles maté-
rialisent, avec la même puissance de beauté, le
caprice de deux hommes qui furent des plus grands,
l'un parmi les maîtres du monde, l'autre parmi les
souverains « *du plus beau royaume après celui du
ciel.* » Toutes deux ont leur tache de sang à la base :
Hadrien crut devoir immoler à ses dieux la chrétienne
Symphorose et ses sept fils, lorsque la villa fut construite — et l'on transportait chaque nuit les ouvriers morts des fièvres, lors du percement de la
pièce d'eau des Suisses. Il faut donc des sacrifices sur
l'autel de la beauté ?

Ayant adopté Antonin, Hadrien, las du pouvoir, ne
s'occupa que de sa villa de Tibur, pendant les quatre
dernières années de sa vie. Il avait été un voyageur
infatigable, et il aimait à rappeler le souvenir des
lieux qu'il avait aimés : il est naturel que les bâtiments de la Villa Hadriana soient aussi variés, dis-
parates même, que ceux de Versailles témoignent
d'un souci d'unité. L'empereur possédait le monde ;
le roi était maître incontesté d'une France unie, poli-
cée, où tout gravitait autour de son soleil ; c'est lui
partout qu'il recherchait tandis qu'Hadrien voulait
échapper à lui-même. — Rome avait l'Egypte, et
l'Asie, et la Grèce, et Carthage et les Gaules, et
l'empereur lui-même était né en Espagne : la Villa
eut Canope et le Serapeum, son Pœcile au-dessus

des cent chambres d'où l'on dominait la capitale, son
Académie et son Lycée, sa vallée de Tempé ombreuse
et recueillie, ses stades et ses thermes, ses deux théâ-
tres, grec et latin, sa basilique et son œcus corin-
thien, et ses deux bibliothèques exposées au Levant
à côté du ravissant portique circulaire.

C'est là que s'envola ma pensée, l'autre jour : sous
le portique de marbre rose de Trianon où fut jugé
Bazaine, je revoyais cette retraite charmante où nous
eûmes la joie de vivre d'inoubliables minutes. C'était
l'heure du Titien : le soleil, éclairant latéralement les
oliviers tremblants, prolongeait sans fin l'ombre de
leurs troncs noueux. En descendant l'escalier ruiné
de la bibliothèque, nous découvrîmes un îlot circulaire qu'entourait un canal en forme d'anneau. De
blanches colonnes, les unes encore intactes, d'autres
veuves de leur chapiteau ionique, semblaient former
une ronde de nymphes souples comme des danseuses
pompéiennes. D'accueillants fûts de colonne nous
offrant leur hospitalité, nous écoutâmes *mourir le
jour*. Un large pin parasol étendait sa ramure protectrice sur le mur, dont *l'opus reticulum* avait perdu
son revêtement de marbre. Par la porte béante sur la
masse noire des cyprès, un pan du ciel mettait une
lueur de vitrail ; mais au milieu de la nature éternellement jeune, plus émouvante était la ligne oblique
du sol sur la blancheur des colonnes.

L'ombre gagnait, insensiblement, disant combien
sont lourdes les minutes légères dont sont faits les
siècles. Des lézards nous frôlaient, et leurs petits
yeux d'or semblaient absorber les derniers feux.
L'ombre gagnait, gagnait, muette, sournoise, et bientôt il n'y eut plus qu'une seule colonne dont le chapiteau rayonnât. Toute blonde auprès de ses sœurs

noyées d'ombre, elle semblait la Niobé veillant sur le sommeil de ses enfants. Puis, la dernière lueur s'éteignit, et un peu d'angoisse effleura nos âmes.

Alors, j'évoquai l'empereur qui venait là pour chercher le repos. Visage large, nez long, bouche très fine de dilettante, courte barbe en collier, les yeux petits de ceux qui jouissent beaucoup par la vue. Il sortait de la bibliothèque, un livre à la main, ou bien il venait par ce cryptoportique qui lui permettait d'échapper aux importuns ; tandis que notre Louis XIV s'entourait de sa cour étincelante au long des larges allées, le César préférait un couloir souterrain. Le petit ruisseau circulaire coulait doucement entre les blanches colonnes, répondant à la chanson des fontaines ; Hadrien pénétrait dans l'îlot par un pont tournant, qui l'isolait de la rive lorsqu'il voulait demeurer seul. Que lisait-il, à quoi rêvait-il ? Nul ne le sait, car la vie des grands hommes n'étant racontée que par des ennemis ou des courtisans, nous n'en saurions croire grand'chose! Peut-être tout simplement regardait-il, avec mélancolie, la ligne oblique et mobile que dessine le soleil sur le fût d'une colonne...

Le Chevalier Bernin

Celui-là, je le déteste cordialement : Pompe, mépris de la ligne, goût du boursouflé, du doré, manque de bon sens. Mes amis romains rompirent des lances en sa faveur : ils n'ont pu me faire triompher de l'irritation que j'éprouve devant ses œuvres.

Le Bernin est pesant, emporté, brutal ; avec cela il adore les fioritures et fouaille le marbre comme Perrette triture ses mottes de beurre. Il a une prédilection pour le vent d'orage, qui déchire ses draperies ; ses personnages en perdent le souffle, et ses colonnes s'en tordent. Hilarité, oppression ! Je ne sais pas, je ne saurai jamais.

Le Bernin gâche. Dès qu'il a une idée géniale, il la gâte. Sa Colonnade, c'est l'élan de l'Eglise vers le monde. Elle tend les bras, accueille, conduit, protège. Ceci admiré, j'ai osé dire que les grands bonshommes qui la dominent et paraissent si petits n'étaient vraiment pas nécessaires, et que quatre colonnes de front, sur toute la longueur, pour ne rien supporter, cela me semblait un non-sens. On me regarda d'un air courroucé. Pourtant, un portique, cela doit être quelque chose d'ouvert, et non un labyrinthe où l'on se cogne le nez à chaque pas, contre une masse. Le vrai coupable, ici, c'est le trésor pontifical : si le Bernin n'avait pu puiser l'or à pleines mains, il n'eût pas employé le marbre ou la pierre à tour de bras.

Le Bernin bousille. N'achever des statues que ce qu'elles présentent au public, est-ce de la conscience artistique, cela? J'en ai conclu qu'il serait cocasse de voir les femmes n'exhiber au théâtre que des devants de corsage, sous prétexte que le dos ne se voit pas dans la loge, et qu'elles ont un manteau pour sortir. Mes amis ont rougi... de ma sottise dont ils étaient honteux !

Je néglige les ors du Baldaquin de Saint-Pierre, et me voilà devant la grande « *Gloire* ». Certes, le but est atteint : le regard ne peut soutenir les rayons de ce soleil, et la chaire du Pêcheur, « *umile in tanta gloria* » se fait toute petite comme Laure de Noves sous la nuée fleurie. Alors, on s'acharne après moi : « *Vous ne comprenez pas. Le peuple italien veut de la joie. Vos nefs gothiques sont tristes. Ici, l'œil se complaît au miroitement des marbres, au ruissellement de l'or qui réchauffe le cœur.* »

D'abord, tous les vaisseaux gothiques ne sont pas tristes. Et puis, il y a des cœurs que l'or est impuissant à réjouir. De plus, je connais de belles églises « *baroques* » qui savent n'être pas théâtrales. Tout cela à part, nous voici d'accord : Florence avait connu avec les Humanistes l'épicurisme délicat ; Rome connut la contre-Réforme, le christianisme cossu, l'ascétisme bon-vivant, auquel nous devons les anges, les palmes, les squelettes dorés dont nous gratifia le style « *Jésuité* ». Ce n'est plus de l'Art, parce que c'est la Richesse, qui jamais ne pourra se substituer à la Beauté. Qu'est-ce que le reflet des marbres rares, le rutilement d'une ornementation chargée auprès de la ligne pure des colonnes évoquant la forêt, auprès de la courbe élégante d'une acanthe enlaçant un chapiteau, sous la plénitude harmonieuse d'une noble coupole épanouie en plein ciel ?

Alors, on me traîna à la villa Borghèse ; je vis un garçon boucher appelé David ; une ingénue nommée Daphné, qu'il faut regarder du côté droit, sous peine de ne pas comprendre le sujet ; on me fit admirer les phalanges d'Apollon malaxant les flancs de la pauvrette : détail qui, justement, n'avait rien pour me plaire. Je passe sur le piteux Anchise. La Proserpine me plut davantage : formes harmonieuses, gestes relativement sobres. Mais, à Santa Maria della Vittoria, j'éclatai. « *Cette courtisane énamourée, vêtue de soie froufroutante, et qu'un ange canaille vient aguicher, une sainte Thérèse ? Jamais !* »

On me montra des œuvres de plein air. L'éléphant de la place de la Minerva m'amusa follement : Supporter allègrement, sans le faire chavirer, un obélisque ! J'en appelle à la S. P. A. !... La pièce montée de la place Navone est fort réjouissante aussi : ce Bernin était humoriste, à ses heures — Qu'on en juge :

Louis XIV demandait des projets d'agrandissement pour le Louvre. Le Bernin vint à Paris en 1665. Il fit des plans superbes, mais... pour les exécuter... il eût fallu détruire du Louvre à peu près tout ce qui en existait. Le Roi était l'homme le plus courtois de France : honneurs, décorations, pension, se mirent à pleuvoir sur le chevalier flatté, qui reçut avec reconnaissance. Quant à l'ordre de commencer les travaux, il l'attend toujours. Il patienta un peu, puis s'énerva, et, un beau matin, quitta la France. Louis XIV respira : le Louvre était sauvé !

Enfin le Bernin eut l'audace d'écrire ceci : « *Michel-Ange n'eut pas le talent de faire paraître des figures de chair : elles ne sont belles et considérables que par l'anatomie* ». Cette fois, chevalier Bernin, nous sommes d'accord : vous étiez sensuel, et Michel-Ange ne l'était pas. Vous avez reproduit la chair ; Michel-Ange a fixé des âmes. Votre colonnade est le bras tendu d'un richissime collectionneur qui fait miroiter ses trouvailles bariolées. La divine Coupole est gonflée du souffle de tous les esprits qui aspirent à la lumière, dans le rayonnement du ciel libre où se dessine la ligne pure du Monte-Mario et de la colline Vaticane, au chant berceur des deux fontaines jaillissantes.

CHAPITRE V

GLANES AUX CHAMPS
DE LA FANTAISIE

Colonia Claudia Ara Agrippinensis

COLOGNE

La débauche de luxe du style jésuite me déplut à
Rome, — Rome, la cité sainte de la civilisation et de
l'esprit latin. — Aujourd'hui que je longe le Rhin,
le cœur serré, car le souvenir de la Guerre si récente
encore n'est pas, pour moi, près de tomber dans
l'oubli, j'ai la joie de retrouver ici des traces de cet
esprit.

J'invite ceux qui disent « l'*Art gothique est triste* »
— à venir dans le coin du déambuloire où j'écris ces
lignes. Les cloches au son velouté esquissent vaguement le leit-motiv de Lohengrin, et les ondes sonores, pleines et souples, s'enchevêtrent sans se con-
fondre, comme les belles lignes ogivales que les
vitraux teintent de reflets d'arc-en-ciel. L'orgue pré-
lude, comme un vent de tempête heurtant les hauts
piliers, si légers, qu'ils semblent des fûts de palmiers.
La lumière joue, chante, se cache pour reparaître,
bondissante, caressante, jeune comme un rayon de
soleil, pâle comme une flamme de cierge, ardente
comme une lueur d'incendie, glauque comme le
reflet du Rhin : elle flue de partout, des verrières du
déambulatoire, des galeries du triforium, des hautes

fenêtres du chœur. Les voix pures des enfants semblent chanter un hymne au soleil, à la gaieté calme et douce. Des blancheurs tombent des voûtes, et les discrètes peintures du chœur font de l'édifice un de ces précieux missels dont les pages fleuries, nées lentement dans l'ombre des cloîtres où l'on fuyait la brutalité de la vie du siècle, étaient caressées par les doigts las des châtelaines pensives. L'orgue s'est tu ; maintenant les voix s'élèvent seules : les attaques sont fermes, les nuances finement observées ; les basses semblent les piliers massifs autour desquels s'enlacent les délicatesses de l'acanthe, et sur lesquels s'appuie la ligne onduleuse du chant qui monte, pour retomber en planant, tout au long des galeries, et faire courir un grand frisson religieux, du fond du chœur jusqu'au portail. Cologne vaut ses sœurs d'Amiens, de Chartres et de Paris quant au vaisseau. Pour l'extérieur, elle est loin de les égaler.

Le chœur seul date du XIIIe siècle. L'amorce du transept et des tours est du XIVe. Tout le reste est du XIXe. Braves frères Boisserée, qui vous imaginiez retrouver une formule d'art germanique ! Vous avez retenu le « mot » sans comprendre le « sens ». Vous ne connaissiez sans doute pas le grand ironiste, à l'esprit trop clair pour n'être pas sec, qui qualifia de « *gothique* », si improprement, notre belle architecture d'Île de France. Vous avez édifié à l'extérieur un véritable squelette. L'amour seul crée les êtres et fait vivre les choses : vous n'aimiez pas, puisque vous ne compreniez pas !

Ces hautes tours tant vantées ne me plaisent pas : la ligne verticale y est prodiguée à outrance : après avoir poliment songé aux rayures sèches et dures d'une gravure sur acier, je finis par penser tout bonnement à ces petites pluies de Flandre qui tombent, doucement, sans effort, sans hâte, comme sans fin, et qui semblent avoir leur chemin tracé au tire-ligne. Quant à l'abside, vue du Rhin, elle semble plaquée sur les tours, et n'avoir pas d'épaisseur, comme ces constructions que l'on démonte pour pouvoir les transporter.

L'édifice est sur une éminence qui fut, comme le Testaccio, un amas de décombres *romains* ; des traces de l'aqueduc *romain* souterrain qui allait de Trèves à Cologne demeurent en trente-trois villages. Le hasard, qui souvent fait bien les choses, nous fit loger chez l'habitant devant la Cour d'Appel, grand bâtiment de briques rouges scellées de pierre noircie, et que surmonte une haute toiture d'ardoise à pignons très ornés, mais non surchargés. Devant ce pompeux édifice moderne, une fontaine, moderne aussi, devint le quartier général de mes rêveries :

C'est une vasque en demi-cercle, dont la partie interne est ornée de bas-reliefs de pierre rappelant la glorieuse fondation de la ville : la naissance d'Agrippine ; la lutte des Ubiens latinisés contre les barbares de l'est ; Rome civilisant la rive gauche du Rhin. A l'autre face, en demi-relief, les bustes d'Alexandre Sévère, Maximus et Posthumus à gauche ; Trajan, Hadrien et Antonin le Pieux au centre ; Constantin, Hélène et Théodose à droite. Et, dominant le monument, seule, hiératique, la nourrice éternelle, *la Louve*. A l'angle gauche de la fontaine, un nom et une date : *Franz Brandtky, 1915.* L'année où des degrés du Capitole, le barde italien détachait sa patrie de la Triplice, Cologne rappelait avec orgueil ses origines latines.

Victor Hugo qui, en 1838, écrivait déjà : « *l'obsta-*

cle entre la rive gauche du Rhin et nous, c'est la Prusse », qu'eût-il pensé depuis ? Il aurait vu s'achever les hautes tours nées, comme il l'écrivait « *non de la foi, mais édifiées par ostentation* », et il aurait regardé, avec stupéfaction, cette étrange et ridicule gare couronnée du diadème impérial, si près de l'abside que des mauvais plaisants appellent le Dôme « *la salle d'attente prolongée.* » Il aurait franchi ce pont grotesque, mi-forteresse, mi-usine, où, devant des piles hautes comme des clochers, les deux Guillaume font la parade, burlesques jongleurs sur leurs tréteaux. Lui qui s'indignait devant les statues tombales effritées, il rirait de les voir s'ennuyer sous des grillages semblables à des moustiquaires. A chaque pas, dans cette ville, on sent deux esprits qui se heurtent, sans jamais se pénétrer.

Les églises romanes de Cologne ont de merveilleuses absides où les galeries ajourées accompagnent fort harmonieusement le plan tréflé ; là nef devant être toujours orientée vers l'ouest, les Rhénans ne pouvaient construire leurs édifices face au fleuve, et prirent le parti d'orner seulement les absides. Rappelant les Ubiens de la rive droite qui franchirent le Rhin en 38 av. J. C. pour échapper aux autres Germains, s'unir aux Gaulois et solliciter l'appui d'Agrippa et de ses légions, les églises de Cologne semblent de grands vaisseaux dont les voiles cinglent vers l'ouest, au port lumineux de la latinité.

En marge des Légendes Rhénanes

———

Mille ans ne sont qu'un jour.

Tourmenté par le doute, un matin qu'il méditait sur les paroles de l'apôtre Saint Pierre « *Mille ans ne sont qu'un jour dans la main du Seigneur* », frère Aloyse, un des plus érudits parmi les moines d'Heisterbach, s'était endormi dans une des fraîches vallées du Siebengebirge. Quand la cloche du soir l'éveilla, il se hâta vers la chapelle, passa devant le portier qu'il s'étonna de ne pas reconnaître, et, voyant sa stalle occupée, regarda les autres moines qui le contemplaient avec stupeur. Il avait dormi trois siècles dans la forêt, et les archives notaient sa disparition au temps du roi Conrad-le-Franc.

Mille ans ne sont qu'un jour. Les monastères sont en ruines, et les frères dispersés. Mais les vignes de Rudesheim et de Joannisberg, les vignes que planta lui-même l'Empereur à la barbe fleurie, les vignes sœurs des ceps d'Orléans et de Touraine, couvrent toujours de leur manteau d'or les coteaux rhénans. Par les beaux clairs de lune, quand les donjons allongent sur le fleuve d'argent leurs silhouettes tragiques, les gens du pays reconnaissent dans la brume légère l'Empereur, couronne en tête, qui étend la main pour bénir les pampres, et regagne, au chant du coq, sa sépulture d'Aix-la-Chapelle.

Mille ans ne sont qu'un jour. Pour nous le preux Roland périt à Roncevaux ; les Rhénans le ressuscitèrent, pour le faire mourir d'amour au pied du couvent où s'éteignait la fille d'Héribert de Drachenbourg, la triste Hildegonde, qui n'avait su l'attendre qu'en se donnant à Dieu. Faible foi, que celle qui croit à la mort : les nobles amours sont éternelles comme le soleil dont elles sont l'image, toujours jeunes, comme les frondaisons du Taunus, immuables et se renouvelant sans fin, comme les flots du fleuve héroïque.

Mille ans ne sont qu'un jour. Il n'est pas un voyageur qui, longeant le Rhin, n'évoque la Loreleï que chanta Henri Heine....

La neige épaisse qui nous enveloppa de Wiesbaden à Bingen fit bourdonner en ma mémoire les vers de notre Vigny : « *Est-ce vous, blanche Emma, princesse de la Gaule ?* » Sur le tapis floconneux qui se déroulait autour des arbres fruitiers blancs de pétales, j'ai vu la trace des pas de la pauvrette portant Eginhard :

« *Ils sont petits et seuls, ces deux pieds dans la neige* ».

Et le Rhin jaunâtre, grondant sous la bourrasque, évoquait l'empereur en courroux.

Mille ans ne sont qu'un jour. Sur l'autre versant du Taunus, le soleil riait et dorait les ruines juchées sur les rochers abrupts. Au pied des altières forteresses lézardées que l'ingénieuse charité du lierre drape amoureusement, les bourgs modernes se blotissent autour de leurs clochers aigus. Le Rhin joue avec eux et coule, pensif, puissant, terrible comme le

César d'Occident. Avec élan, la joyeuse Moselle vient
s'unir à lui, sous l'œil altier du Hohenzollern à cheval qui semble la menacer à Coblentz, et de la Germania aux aguets sur la hauteur du Niederwald. Et
les voici qui courent, le grave fleuve et la riante
rivière, sans se soucier des hommes qui passent,
comme leurs ondes, des hommes éphémères, bien
qu'ils aient nom César, Charlemagne, Napoléon.

Mille ans ne sont qu'un jour. Ils fluent, rapides,
vers Cologne, l'antique cité des Ubiens, et sous le
pont gigantesque, colossal et disgracieux, dont les
cubes de pierre viennent froisser la dentelle des con-
treforts et la broderie des pignons gothiques, ils se
content une plaisante histoire. Ils ont vu les Normands détruire la cathédrale érigée par les rois
francs ; puis, au xiii° siècle, ils ont vu les Rhénans
s'émerveiller de l'édifice que Conrad de Hochstaden
faisait élever pour la remplacer. Ils connaissent
l'histoire de ce maître Gérard, l'habile architecte qui
fit pacte avec le diable, et mourut sans avoir vu le
Dôme achevé. Et ils rient parce qu'ils savent qu'un
brave traducteur écrivit ceci : « *L'ouvrage colossal
commencé sous les auspices du démon ne put être
achevé après que celui-ci eut perdu sa proie.* » Et,
quelques lignes plus loin, comme une conséquence
très logique, sans nulle malice, car l'esprit du terroir
n'a pas de ces finesses : « *Il était réservé à notre époque d'entreprendre l'achèvement de cette œuvre grandiose... Le 15 août 1880 on put célébrer solennellement la fête de l'achèvement de la cathédrale en présence de l'empereur Guillaume, de l'impératrice et de
tous les princes allemands.* » Quelle était la nouvelle
proie (sous-entendue) dont le Malin s'était assuré ?

Mille ans ne sont qu'un jour. A la face des cités,

les hommes passent, s'élèvent, et sombrent. Ils construisent des monuments qui, à leur image, ne se dressent vers le ciel que pour crouler. Mais plus haut que les burgs démantelés, plus haut que les clochers tout tressaillants des Angelus, les sapins du Niederwald chantent toujours d'éternelles chansons. Et plus bas que les ruines amoncelées, en des gouffres plus profonds que l'oubli le plus ténébreux, les eaux du Rhin, chargées du poids de toutes les légendes, plus lourdes encore de leur fardeau d'histoire, tourbillonnent en grondant. Elles disent les grandes forces qui sont aussi les grandes faiblesses de la Nature et de l'Humanité, l'or vain qui rêve au fond des cavernes et fait dévier le travail de l'homme, la fourbe de Wotan, Freya aux yeux d'aurore, Siegfried le Preux et la belle reine des Burgondes ; et, entre la marche funèbre de Drusus et de Marceau, elles chuchotent la douce histoire des Trois Mages et des Onze Mille Vierges.

Mille ans ne sont qu'un jour. Les hommes et les pierres tombent et s'effritent. Et, sur le vieux tronc des légendes, les générations cueillent tour à tour, à pleines mains, de nouvelles roses qui restent fraîches, éternellement.

* *

II. *L'anneau de Fastrade. — Les chevaux à la fenêtre.*

Les légendes rhénanes sont loin d'avoir toutes le même charme, la même délicatesse. En certaines se précisent les profondes dissemblances qui me frappent de plus en plus, entre l'esprit de là-bas et le pur esprit latin. Les deux légendes que j'effleure aujourd'hui m'en semblent une preuve évidente.

Charlemagne aimait tendrement sa quatrième femme, Fastrade, fille du comte de Franconie. Cette affection se transforma en passion violente, dès qu'il eut donné à l'impératrice certaine bague dont un serpent reconnaissant (*sic*) lui avait fait présent. Fastrade s'était rendu compte du pouvoir de l'anneau ; sentant la mort s'approcher, et craignant que le précieux joyau ne tombât entre des mains indignes, elle le cacha sous sa langue. L'empereur, désolé, ne pouvait se résoudre à laisser ensevelir son épouse, dont le corps embaumé le suivait dans tous ses déplacements. Turpin, flairant la magie, se rendit un soir près de la morte et découvrit la bague dont il s'empara. Charlemagne ne tarda pas à donner des ordres pour les funérailles de Fastrade qui fut inhumée au Dôme de Mayence, puis il s'attacha docilement à l'archevêque. Celui-ci, importuné d'une faveur excessive, jeta la bague dans une source. Turpin fut délivré, mais l'empereur, s'attachant à la source, fonda Aix-la-Chapelle pour y dormir à jamais.

Je passe ce qu'il y a de choquant dans le rôle de l'archevêque détroussant le cadavre de la souveraine, pour ne voir que le rôle réservé à Charlemagne : ce clair et puissant cerveau, cette volonté de fer, qu'en fait la légende rhénane ? Un fantoche à la merci d'un talisman, et qui s'attache, sans savoir pourquoi, là où le « sort » le fixe. Par contre, voici ce qu'en dit notre chanson de Roland :

« Sa barbe est blanche, et tout fleuri son chef. Son corps est beau, son maintien fier ; à qui le cherche, pas n'est besoin qu'on le désigne ».

Et, plus loin :

« *Sa parole jamais ne fut hâtive. Il ne parle qu'à son loisir.* » Qui, des graves Germains ou des Français railleurs sut le mieux respecter la noble figure du grand Empereur ?

Les traits grotesques, les détails burlesques dont la lourde familiarité nous choque lorsqu'il s'agit d'êtres ou de choses respectables, sont assez fréquents dans les mythologies du Nord. Le deuxième acte de l'Or du Rhin commence par une querelle entre les Dieux où, certes, Wotan ne paraît pas à son avantage. — Les dieux Norses brassent la bière, et Thor allant chercher un chaudron au pays des Jotüns « met le pot sur sa tête », dit Carlyle, « *s'en allant avec, entièrement perdu en lui, les oreilles du pot descendant jusqu'à ses talons.* » Il est certain qu'on ne s'imagine pas ainsi le moindre des dieux de l'Olympe, et que cette gaucherie brutale, ces lourdes plaisanteries de taverne, ne savent pas nous dérider.

Étrange aussi cette histoire de Richmodis d'Aducht, ensevelie en léthargie, éveillée par des voleurs qui la dépouillent (encore !) et se hâtant de regagner sa maison du Neumarkt, à Cologne. Les serviteurs, épouvantés, courent avertir leur maître qui, verbeux comme un héros de Wagner, tient des discours sur l'impossibilité d'une résurrection, et croirait plutôt « *à la nouvelle que ses chevaux ont brisé leurs attaches et grimpé au grenier pour regarder à la fenêtre.* » Un piétinement sourd se fait entendre, les chevaux se précipitent et sauvent la vie à leur maîtresse qui, sans eux, attendrait peut-être encore à la porte son déconcertant époux. Il me semble qu'en pareil cas, si l'on aime, le plus sûr est d'aller voir au plus vite....

Les amoureux des bords du Rhin sont bavards ou geignards — deux façons différentes d'être parfaitement assommants. — Ils aiment vraiment par trop le mystère, et la fourberie ne leur déplaît pas. Elsa doit ignorer à jamais le nom du chevalier du Cygne... Parsifal, le chaste fol, vient on ne sait d'où — lui non plus, d'ailleurs. — Gunther, ne pouvant vaincre Brunhild, qui le suspendait tout bonnement par la ceinture à l'appui de sa fenêtre jusqu'au matin, trouve tout naturel d'avoir recours à Siegfried. — Et Siegfried ayant dompté la belle reine, et mis chevaleresquement son épée entre elle et lui, va conter moins chevaleresquement cette histoire à sa femme Kriemhild.

Combien je vous préfère, héroïnes des légendes celtiques, ou brillantes fleurs d'amour de nos pays latins! La belle Aude soupire sur la tour du château de Vienne, tandis qu'Olivier combat contre Roland dans l'île du Rhône. — Paolo et Francesca tournoient en un vol doux comme celui des colombes. — Valentine Visconti murmure : « Rien ne m'est plus, plus ne m'est rien. » — Tomasina Spinola meurt de douleur à la seule nouvelle de la mort du roi de France. Louise de la Vallière reste fidèle au Soleil jusque dans sa retraite austère. Et la plus vibrante de toutes, celle qui se coucha près du corps de Tristan, et qui, n'ayant pu s'unir à lui dans la vie, fut son inséparable dans la mort... — Elles ne parlent guère, nos héroïnes d'histoire ou de légende. Elles ne portent pas d'anneau magique ; elles n'ont pas besoin de philtre, d'incantation pour retenir celui sur lequel se fixèrent leurs yeux. Pour elles, l'enchantement réside en ce don précieux entre tous, qui s'appelle en français « *le charme* » et en italien « *l'incanto* ».

Monseigneur de S...

Quittant la pittoresque Montefalco, si haut perchée dans l'Apennin, et riant au milieu de ses vignes, Montefalco toute illuminée du sourire de Benozzo Gozzoli, nous devions traverser l'Ombrie avant de gagner le Latium. La voiture publique, assurant le service journalier entre les petites villes que la bienveillante Nature mit à l'abri des dangers du progrès trop rapide, attendait sur une petite place, près de la haute porte crénelée. L'amour du pittoresque, ou le désir d'un confort relatif, nous pousse toujours, en pareil cas, à prendre nos places le plus tôt possible. Rien de réjouissant comme ces départs qui rappellent en tous points ceux des diligences du temps jadis. Que la scène soit décrite par la plume alerte d'un Victor Hugo dans son *Voyage aux bords du Rhin*, par le pinceau d'un Alphonse Daudet sur la route de Blidah, n'importe où, par le crayon d'un Gavarni ou la plume d'un Raymond Escholier, les mêmes scènes, risibles ou touchantes, révélatrices de l'égoïsme ou de la courtoisie de l'être humain, se renouvellent avec de bien légères variantes.

Mais cette diligence de Montefalco nous réservait une surprise que, ni Hugo, ni Daudet, n'ont eu la joie de découvrir. Tandis que les « *contadines* » de la ré-

gion entassaient leurs cabas chargés de volaille et de
légumes dans les étroits filets et se casaient tant bien
que mal sur les coussins, deux gamins, vêtus de la petite
soutane que portent les élèves des séminaires, grim-
pèrent lestement, et, avec force bourrades, se dis-
putèrent à qui lancerait le plus loin les colis qu'ils
avaient mission de « *déposer* » dans la voiture. L'un
portait une boîte assez longue, recouverte de cuir
noir, qu'il agitait follement, semblant s'amuser fort
d'entendre le cliquetis métallique de son contenu ;
l'autre manœuvrait, avec une désinvolture digne d'un
cheminot syndiqué, une sorte de coffret de maroqui-
nerie, large et plat, qui rendit un son mat en s'effon-
drant ; et les deux espiègles disparurent sans plus
s'inquiéter de leurs colis. Puis un petit homme
chauve et rasé vint installer devant nous un de ces
vénérables parapluies de campagne de couleur indé-
cise, et dont le manche amorphe tenait le milieu
entre le bec de cane et la queue prenante.

L'heure du départ approchait ; autour du marche-
pied, des adieux s'échangeaient ; la dernière place
libre fût bientôt prise. Et le solennel parapluie trônait toujours, tandis que les derniers arrivants s'empilaient en surcharge. La voiture s'ébranla, s'arrêta
devant le presbytère, et très vite, en deux enjambées,
une longue forme noire fonça dans la voiture, saisit
le parapluie entre deux longues mains osseuses,
et, se cassant en trois, prit place, plutôt qu'elle ne
s'assit, devant nous. L'auto reprit sa course, que
rythmaient les roulements du moteur, le choc dansant et léger des vitres, et d'impérieux sons de trompe
à chaque détour du chemin. La campagne ombrienne
se déroulait, blonde et souriante, entre ses vignes
allègres et ses oliviers mélancoliques. Mais point n'en

avaient cure les voyageurs de l'autobus. Les rires, les conversations, les interpellations se croisaient, s'échangeaient, se répondaient, comme les cris des oiseaux dans une volière. L'irruption du long et maigre personnage n'avait pas même interrompu la joyeuse rumeur, et pourtant, ses voisins proches semblaient lui témoigner grande déférence...

L'auto filait de village en village. Quelques voyageurs, cueillis sur la route, venaient renforcer la surcharge déjà plus que suffisante. Une paysanne, assise à la gauche du mystérieux voyageur, se leva pour descendre, et lui baisa la main. Nous sûmes alors que nous avions l'honneur de voyager en compagnie de Monseigneur l'archevêque de S... qui se rendait à sa cathédrale après une tournée en Ombrie.

Et la France qui se vante d'être démocratique ! Quel évêque peut se vanter d'avoir passé, chez nous, *trois heures*, entre des poules, des canards, des lapins et des valises pour le sous-sol, — des paysans, des bourgeois et des touristes au rez-de-chaussée, — et des sacs de voyage, d'outils, des cabas de toute sorte au grenier ! Sous les deux mystérieux colis de cuir noir qui s'allongeaient dans le filet, au-dessus de sa tête, Monseigneur, bravement appuyé sur son étrange parapluie, exhibait de temps en temps un ample mouchoir à carreaux, tandis qu'une plantureuse paysanne, ébranlée par les cahots de la voiture, écrasait par moment ses formes généreuses sur la soutane aux plis anguleux !

L'Ombrie déroulait son panorama d'une gravité souriante. Les tours de S... parurent à l'horizon, et la ligne des remparts courant au long des collines se dessina vigoureusement. Les deux gamins qui avaient voyagé sur la plate-forme firent alors irruption dans

la voiture, saisirent leurs deux colis enfouis au fond
des filets sous les salades, dégringolèrent en se bous-
culant et se mirent à courir sur la route au long de
l'auto, sans s'occuper le moins du monde de Monseigneur qu'ils *avaient mission* d'accompagner.

*
* *

Le lendemain, grande fête à S... Nous traversions
la place du Dôme, lorsqu'un passant s'arrêta, nous
entendant parler français. Avec une courtoisie exquise,
souriante et aisée, il nous dit l'émotion qu'il éprouvait chaque fois qu'il entendait notre langue, car il
lui plaisait de rappeler que sa grand'mère était française, fille d'un général de la Révolution. Par son
entremise nous eûmes le plaisir de visiter l'hôtel
de ville, bien qu'il ne fût pas ouvert ; et son insis-
tance fut telle que nous ne pûmes nous dispenser
de le suivre chez des amis dont le balcon dominait la
place. Tous ceux qui vécurent longuement en Italie
connaissent le charme de ces accueils spontanés, de
ces sympathies délicieuses qui s'expriment comme
se répand le parfum d'une fleur. La procession solennelle devant se dérouler sous les fenêtres, on nous y
fit prendre place... Et sous le soleil doré, devant tout
le bon peuple aligné le long des rues, massé contre
les fontaines, penché sur les balcons, à la suite des
enfants de chœur et des séminaristes qui chantaient
des cantiques, des demoiselles et des dames des con-
fréries, des solennels marguilliers et des prêtres vêtus
de leurs plus belles aubes, Monseigneur de S..., rutilant sous la chasuble, mitre en tête et crosse en
main, noble d'allure et souriant de visage, donnait son
améthyste à baiser, et bénissait les petits enfants...

Et puisque les deux écrins malmenés par les deux
garnements avaient bien recélé, dans le mystère de
leur capitonnage, la crosse et la mitre... il n'était pas
étonnant que, de l'humble chrysalide au mouchoir à
carreaux, au parapluie de campagne, ait surgi, par ce
beau soleil d'août, ce rutilant prince de l'Eglise...

Les cinq armoires

————

A Monselice, sur la route de Ferrare à Venise, devant ces charmantes collines Euganéennes qui déroulent avec une harmonie incomparable leurs tranquilles anneaux souples, sur une éminence que flanque une rangée de cyprès où se suspendent des chèvrefeuilles à larges fleurs embaumées, s'élève la demeure des Balbi-Valier. Les descendants des deux nobles familles vénitiennes gardent pieusement les souvenirs historiques de leur lignée. Deux « lapide » apposées au mur de la façade donnant sur les riants jardins en terrasse, évoquent Francesco Duodo qui combattit à Lépante ; Piero et Andrea Duodo, ambassadeurs auprès de Pie V et de Henri IV ; Adriano Balbi, émule de Caboto ; Bertuccio et Silvestro Valier, qui furent doges de la Dominante. Et ma pensée va vers cette pauvre Elisabetta Querini, si maltraitée par le statuaire, qui la fit si piteuse sur le pompeux tombeau des Valier érigé à San-Giovanni Paolo.

D'autres « lapide » nous disent que ce château fut le refuge de saint François-Xavier, du bienheureux cardinal Barbarigo, de l'évêque de Langres proscrit à la Révolution, — qu'une cour martiale y siégea en 1848, — qu'il devint prison d'Etat jusqu'en 1849, — puis lazaret lors du choléra de 1859. Il hébergea en outre divers personnages illustres, sorte de terrain neutre qui semble avoir gardé quelque chose de l'antique droit d'asile.

Le chemin montant est délicieux : A gauche, une sévère allée de cyprès que couronnent les ruines d'un menaçant château-fort ; à droite, un panorama merveilleux : belles routes onduleuses au long desquelles se groupent les hameaux à l'ombre des bouquets d'arbres, collinettes charmantes que relève quelque vieux château crénelé, comme celui d'Este qui domine de sa silhouette aiguë la ligne sinueuse, la ligne exquise des collines Euganéennes à laquelle mon regard revient toujours.

La chapelle du château tourne le dos au panorama ; son petit portail fait face à certaine rocaille à statues d'un goût plutôt douteux, mais qui, dans cette fête du soleil et des parfums où bourdonnent les abeilles ivres de nectar, a quelque chose de riant et demeure, somme toute, acceptable. Nous pénétrons dans la chapelle toute revêtue de marbres multicolores et de ces jolis travaux florentins de « pietra dura ». Oratoire minuscule, bonbonnière riche, — trop riche. Ce genre de chapelles ne me donna jamais le désir de chuchoter la moindre oraison. Le gardien sort de la petite sacristie, un volumineux trousseau de clés à la main, et nous propose de le suivre derrière l'autel. Ponctuellement, tranquillement, avec un cliquetis agaçant de sa ferraille brillante, il nous ouvre une armoire, deux armoires... cinq armoires !!...

Chaque armoire renferme cinq squelettes, couchés les uns au-dessus des autres, comme les passagers d'un bateau, et, horreur ! tous revêtus d'un affreux costume de soie rouge à broderie d'argent : culotte à la française, jaquette ou habit, grand chapeau cornu.

Un vase clinquant posé à côté de chacun, symbole du vase qui recueillit leur sang, porte une atroce fleur artificielle, et le nom du « patient » est inscrit sur le verre.

De la stupeur ? de l'effroi ? de l'horreur ? Tout cela peut-être, ou rien de tout cela. Mais en tout cas, pas le moindre sentiment de vénération ne peut être éprouvé devant ces lamentables fantasmagories dignes d'un carnaval. Et, tandis que le custode compassé nous explique que nous avons devant les yeux les corps de vingt-sept martyrs (oui, deux des armoires en enferment six au lieu de cinq — on a dû les tasser probablement) ; vingt-sept martyrs donc, rapportés des catacombes par l'illustre ambassadeur, qui obtint du Pape l'autorisation de les amener à Monselice pour les exposer à la vénération des fidèles, — j'ai toutes les peines du monde à conserver mon sang-froid pour lui poser quelques questions correctes et entendre poliment ses réponses. Une de ces idées folles, qui vous empoignent et dont on n'est pas maître, s'imposait à moi avec une force que ses explications ne faisaient qu'accroître. Et c'est les épaules secouées d'un fou rire irrésistible que je franchis de nouveau le seuil de la chapelle, au bruit du cliquetis agaçant des clés qui refermaient les sanctissimes armoires où reposaient tristement les lugubres dépouilles. Je m'imaginais l'Ange du Jugement dernier sonnant de la trompette sur les hauteurs avoisinantes, et les pauvres exilés des catacombes se dressant sur leurs lits clos, tout ahuris de se voir en pareil équipage, regardant avec stupéfaction leur galante petite culotte courte à liseré d'argent, promenant leurs yeux stupéfaits sur un horizon inconnu, ne sachant rien de ce qui les entoure, ne se reconnaissant pas eux-mêmes. Et j'ai compris subitement, plus que n'auraient pu me le faire comprendre les plus beaux raisonnements, l'horreur des exhumations, leur impiété, leur brutalité, tout ce qu'elles ont d'inhumain. J'ai pensé aux pauvres petites momies d'Egypte qui dorment un sommeil glacé dans les salles mornes de nos musées. J'ai revu les tombeaux des Atrides tels que les évoque d'Annunzio dans la *Città Morta*, — si terribles et si beaux que la folie et la mort saisit qui ose les profaner du regard.

Et j'ai compris surtout que, ce que veulent les morts, ce que nous n'avons pas le droit de leur ravir, c'est le silence. La mort est un mystère, et ceux qu'elle prend dans ses bras, nous n'avons pas le droit de les troubler. Pour ceux qui ne reconnaissent que la matière, il faut laisser le corps là où il est tombé, — et pour ceux qui croient à la vie éternelle, ils aimeront mieux, en pensée, si leurs yeux ne sont pas souillés par la contemplation profane de l'œuvre destructrice.

Tout en redescendant la côte, mes yeux se posent, encore une fois, sur les collines Euganéennes, non plus, cette fois, en riant, mais avec une infinie tristesse.

Catherine Sforza

Depuis longtemps déjà nous avions le désir de
parcourir le versant Nord-Est de l'Apennin. Des
amies très gracieuses m'invitaient, sans qu'il m'ait
été possible jusqu'alors de répondre à leur appel. Je
dois dire qu'elles n'ont pas poussé la courtoisie jusqu'à nous assurer la table et le logement, — ce dont
je leur sais gré, car elles sont mortes depuis quelques siècles, et je n'ai qu'un désir très modéré d'aller les rejoindre : le plus tard sera le mieux.

Ces amies charmantes ont des noms sonores et
doux, comme il convient à de nobles dames d'illustre lignage, à des héroïnes, souriantes ou tragiques,
de ce roman, plus merveilleux que les contes de fées,
qui se nomme l'Histoire. Elles ont nom Catherine
Sforza, Elisabeth Gonzague, Isabelle d'Este. —
Répondons aujourd'hui à l'appel de la belle Lombarde.

*
* *

Du Castello de Milan où s'écoulèrent les années
de son enfance, tout retentissant du cliquetis des
cuirasses et du piétinement des chevaux, Catherine
conserva toujours le souvenir ; et la fille de Galéas,

12

Maria, plus que tous les autres Sforza, dut sentir bouillonner en elle le sang généreux de l'aïeul Attendolo. A dix ans, mariée au féroce Girolamo Riario, neveu de Sixte IV, la fillette sut, par l'énergie, la douceur ferme, un sens précoce de la politique, se concilier les pires ennemis de la famille della Rovère, — ces séduisants Médicis qu'elle avait vus à Florence, alors qu'elle accompagnait son père, — ces fiers princes de la Renaissance dont elle avait aimé l'élégance harmonieuse et distinguée, aussi différente du faste milanais que l'incomparable coupole de Brunellesco diffère de la cathédrale lombarde. Jeune femme de seize ans, à la cour licencieuse de Sixte IV elle inspire la déférence, et malgré la haine qu'éprouvaient les populations romagnoles pour son époux, les vassaux ne témoignèrent jamais à leur châtelaine que le plus grand respect. Veuve à vingt-cinq ans, elle sut agir de telle façon que nul ne voyait plus en elle une Riario, la solidaire épouse d'un tyran détesté, tué lors de la plus sanguinaire des révolutions locales, et dont le corps fut jeté par la fenêtre du Palais gothique, encore dressé à l'angle de la place publique de Forli, — non plus la femme du chef défunt, mais la fille des Sforza, l'alliée des puissants Florentins. Les meurtriers furent exécutés, le gouvernement confié à Catherine, régente au nom de son fils Ottaviano. Mais la belle Milanaise n'est plus la nièce du Pape : c'est maintenant Alexandre VI qui porte la tiare, et l'ambitieux César Borgia veut s'emparer de la Romagne ; premier rêve, peut-être, d'unification italienne. La fille des condottières n'en est pas à son coup d'essai. Comme elle s'était jetée, quatre ans auparavant, lors de la mort de Sixte IV, au château Saint-Ange, prête à résister jusqu'au dernier homme, elle s'enferma dans la forteresse de Ravaldino, et se défendit avec une telle énergie que le vaillant capitaine français Yves d'Alègre la prit sous sa protection, et la délivra, par la suite, de la geôle où le pape Alexandre la retenait.

Catherine connut alors la vraie gloire, à la faveur de ses pires malheurs. Les soldats chantèrent une complainte française écrite en son honneur, et baptisèrent une de leurs plus fameuses pièces de canon : « Madame de Forli ». Pourtant son rôle guerrier venait de s'achever, et, libérée du château Saint-Ange, elle avait regagné mélancoliquement sa chère Florence, où la destinée devait désormais la river irrévocablement. Elle y vécut dès lors oubliée, pleurant son troisième époux, ce séduisant Giovanni de' Medici, que l'astucieuse République lui avait envoyé comme ambassadeur à Forli, et dont le charme, plus que les raisons politiques, l'avait conquise. — Elle y trembla pour le cher fils que lui donna l'époux bien-aimé, son dernier né — et son *prediletto*, ce fougueux Jean des Bandes Noires qu'elle avait cru prudent de faire élever en un couvent de jeunes filles, dans la crainte qu'il lui soit enlevé par ses ennemis. — Tout son orgueil maternel se réjouissait de voir revivre en lui les vertus guerrières des Sforza ; la glorieuse *Virago*, heureuse de se sentir renaître en si fier rejeton, mourut dans l'obscurité, et dort pour jamais à Florence, dans la chapelle du couvent de Sant'Elena, aujourd'hui prison.

*
**

Le beau profil énergique et dominateur, entrevu jadis dans les appartements de Léon X au Palais-

Vieux ; — le portrait d'une sévère matrone tendrement appuyée sur un beau diplomate florentin ; — certaine médaille découverte du *Schifanoia* de Ferrare ; — la cuirasse féminine, authentique ou non, conservée au Musée civique de Bologne ; — et le récit des « gestes » héroïques de Messer Jean des Bandes Noires qui faisait dire au vaincu de Pavie : « *Si j'avais eu Messer Giovanni, point n'aurais perdu la bataille* » — m'avaient laissé tel souvenir qu'un ardent désir de connaître davantage la personnalité de Catherine *Sforza* s'imposait chaque jour à moi plus impérieusement.

Nous résolûmes donc de visiter Imola et Forli. — Singulière idée, vraiment !

Chercheurs passionnés d'histoire, ne quittez pas vos pantoufles, si vos bibliothèques sont bien garnies. — Ou bien, allez tout simplement passer quelques journées dans la reposante atmosphère de la *Nationale* ou de la *Laurentienne* : vous voyagerez plus loin, plus vite, et plus sûrement. Entre les pages des vieux bouquins plus ou moins poussiéreux, vous sentirez palpiter l'âme du passé, vous pourrez évoquer les héros de vos amours intellectuelles, et les restituer à la vie. Mais ne cherchez pas leur trace, jamais, jamais, sur les pierres où se posèrent leurs pas, non plus que dans la mémoire des hommes qui occupent dans l'espace *l'espace qu'ils ont occupé* : de trop navrantes déceptions vous seraient réservées.

Donc, nous visitâmes Forli... de laquelle je ne dirai rien. — Le Musée était fermé. — naturellement, puisque ce fut la réponse que nous obtinmes dans presque toutes les villes italiennes que nous visitâmes en l'an de grâce 1919 où certain souffle, venu d'un *Est* assez lointain, faisait tourner pas mal de cervelles latines. — Mais compatissant fut le gardien devant notre désolation, et bien que les salles fussent en « restauration », paraît-il, — une restauration qui semblait plutôt procéder d'un désordre ou d'une incurie antérieurs, — nous finîmes par obtenir l'autorisation de les traverser et de jeter un coup d'œil sur les œuvres que nous cherchions. J'avoue sans honte n'avoir regardé que très distraitement le fameux *Pestapepe* de Melozzo de Forli, perle du Musée, sachant trouver dans la même galerie certain portrait de jeune femme, un peu rigide, aux yeux éveillés, au menton volontaire, au large front sous les cheveux châtain. — Elle nous attendait bien, la jolie *virago*, son petit bouquet à la main : physionomie dominatrice, à la carnation lumineuse, nature saine et franche d'âme et de corps. — Près d'elle — la postérité a de ces ironies, — son ennemi juré, l'homme au béret noir, à la barbe rousse, le pire des bandits, à moins qu'il n'ait été un incomparable héros, — l'ambitieux le plus effronté qui fût jamais, — à moins qu'il n'ait été le premier patriote italien, bien qu'en ses veines lave espagnole coulât : César Borgia. — Dans une vitrine, deux médailles, l'une qui représente Catherine jeune, cheveux au vent comme Lucrèce Borgia ou la marquise Isabelle — l'autre nous la montrant voilée, sévère, imposante, reproduisant fidèlement le profil de Galeas Maria ou de Ludovic le More. — Au centre une cuirasse, très vaste, toute noire, sans nul ornement, celle que l'héroïne portait peut-être lorsque, sur les remparts de sa citadelle, elle eut un geste effroyablement hardi, cynique et... gaulois, pour répondre aux assaillants qui menaçaient de lui tuer ses enfants ; — geste auquel la gravité de l'heure conféra son caractère de

grandeur tragique et farouche. — En sortant du
Musée, un coup d'œil au palais du podestat, un peu
restauré, une course rapide au couvent de San-Biagio où l'amazone fit ensevelir son premier époux
Girolamo Riario, refusant sa dépouille à la cathédrale
San-Mercuriale. — C'était tout ce que nous réservait
Forli que nous quittâmes sans regret, mais non sans
avoir admiré la lumineuse madone de San-Biagio qui
est peut-être la plus belle vierge de Guido Reni.

Nous gagnâmes Imola... C'était, je le répète, en
1919. On y avait en ce temps-là une singulière façon
de comprendre l'histoire : les habitants semblaient
s'entraîner à quelque sport destructeur dont le but
était d'effacer le plus possible le passé. — Après
avoir suivi des rues aux murs couverts de revendi-
cations plus qu'énergiques, d'injures contre les prêtres, l'armée, les bourgeois, le gouvernement, déchif-
fré des inscriptions, telles que « *A mort le travail,
quel qu'il soit. — Souvenez-vous de l'erreur de 1915.
— Ewiva il bolcevismo !* » Après avoir traversé, la
mort dans l'âme, des places et des églises vides de
tout souvenir historique, nous frappâmes, à la porte
du Musée. — Naturellement, il était fermé ; un
obligeant voisin nous répondit : « Impossible de
visiter, le gardien est à la mer. » Heureux gardien ! J'aurais dû établir la liste de toutes les cités
italiennes où il nous fut répondu que le « *custode* »
était « *al bagno* » ; un statisticien n'eût pas man-
qué d'en faire son profit et d'en tirer une de ces
conclusions qui sont leur spécialité : ou que les
« *custodi* » comptent parmi les plus heureuses gens

du monde des fonctionnaires, ou bien que l'an 1919 leur fut particulièrement favorable, quelque chose comme « *l'année de la planète* » pour les crus renommés.

Il ne nous restait plus qu'à errer par la ville. Du gardien nous nous serions volontiers passés. Mais il paraît qu'il avait emporté les clés... Nous allions mélancoliquement par les longs couloirs du Palais, jadis Palais Riario, où certaines mains, trop scrupuleuses, avaient fait disparaître les écussons des Sforza et du Riario détesté. — Dans l'ancienne demeure seigneuriale sont installés différents services publics, et la paperasserie moderne semble avoir submergé tout vestige du passé. Les hautes fenêtres furent divisées par des planchers provisoires, mais de l'extérieur, leur apparence n'a pas changé : la belle Comtesse s'arrêta sans doute, s'appuyant au rebord de l'une d'elles, angoissée, le cœur plein de résolutions terribles, écoutant le vent des révolutions s'enfler de la place publique jusqu'à son palais, menaçant de la balayer, elle et sa lignée, au caprice des popularités chancelantes...

Nous essayâmes de questionner un employé qui passait... Tout absorbé à la pensée de tenir en équilibre ses dossiers, il nous sembla tellement ignorer tout des podestats de jadis, des Riario comme des Sforza, que nous renonçâmes à glaner en ce désert.

Dans l'escalier que nous descendîmes, dans les couloirs que nous dûmes suivre, même désolation, même vide. — Vides sont les salles, vides les cœurs, vides les âmes : la vie au jour le jour, tout est né d'hier, et n'a pas non plus le souci de durer... Tout au bout de la cour, par une petite porte entr'ouverte, un jardinet laisse deviner la fraîcheur de ses ombrages... Est-ce un appel muet ? Nous quittons l'ingrat palais et nous risquons à pousser la petite porte...

*
* *

Et l'incorrigible fée recommence à voltiger ; la curiosité, renaissante dès qu'un coup brutal vient de la tuer, nous prend une fois de plus par la main et nous mène dans ce jardinet. Nous rions d'elle... nous n'avons plus rien à faire ici, pas plus à tirer de ce vieux, qui taille tranquillement ses géraniums, que des gratte-papier des bureaux.

Le vieux nous voit, mais avec cette urbanité charmante, si fréquente chez les Italiens bien élevés, il feint d'être absorbé par ses plantes pour ne pas nous gêner. A-t-il compris les quelques mots de français que nous venons d'échanger ? Il a relevé la tête et vient lentement vers nous, répond à notre salut avec une courtoisie tranquille, et tandis que nous nous excusons d'avoir pénétré chez lui, exposant les motifs de notre curiosité, il pose vivement son sécateur et nous montre du doigt une fenêtre intérieure donnant sur le jardin : la rose des Riario, la vipère des Sforza furent ici respectées : nous sommes devant les appartements privés de la belle Comtesse.

Ce n'est plus un vieux maniant le sécateur et courbé sur ses boutures ; enlevant son chapeau de paille de quatre sous, il nous découvre un beau visage intelligent et fin d'homme distingué. La main qu'il nous tend est longue et fine. Nous sommes en présence du docteur P..., amoureux passionné du passé ; il nous fait traverser son appartement : au rez-de-chaussée, trois pièces larges et hautes, meublées modestement ; la dernière, donnant sur la rue, a ses murs couverts de livres ; quelques degrés conduisent à l'une de ces banquettes étroites, encastrées dans la fenêtre, où les châtelaines d'autrefois aimaient à bercer leur songerie. Avec une amabilité délicieuse, le docteur nous fait asseoir au salon, devant deux grands portraits : à gauche, dur visage de guerrier, aux traits rappelant bien les trapus et farouches della Rovere. — A droite, copie peut-être, mais très ancienne, et toute imprégnée de l'accent de la vérité, avec ce quelque chose d'aigu dans le regard qui donne la certitude d'une ressemblance exacte : la belle Sforza, dans la splendeur de sa précoce maturité. — Dans un angle de la pièce, sur une console, des livres français...

Le demi-jour de l'antique demeure baigne nos trois formes vivantes, sous le regard tranquille de la guerrière de la Renaissance... Nous écoutons les souvenirs évoqués par ce vieillard distingué, un de ces bourgeois lettrés, si nombreux — et de valeur si méconnue aujourd'hui, — gardien fidèle du passé, cultivant les sympathies du présent avec la minutie délicate et avisée qu'il observe devant ses géraniums, — valeur tranquille et précieuse dans un pays riche de passé, où la masse trop souvent hostile, ou seulement indifférente, crée une atmosphère lourde et douloureuse, si pénible à ceux qui ont le culte des disparus.

Et nos trois pensées, unies fraternellement devant le portrait de l'orgueilleuse comtesse, faisaient songer à ces lampes d'autel qui, silencieusement, se balancent dans le mystère des cryptes, dans ces chapelles ignorées de la foule où, de temps en temps, quelques fervents viennent prier, entretenant le culte de l'histoire et de la patrie.

A propos de Pétrarque

Fête touchante en notre vieille Sorbonne. L'amphithéâtre Richelieu était comble, et le ministre Herriot avait cru devoir rehausser par sa présence la solennité de la commémoration. Il ne s'agissait pas de célébrer de hautes vertus ni d'exalter une œuvre illustre : nous sommes conviés assez souvent à ces réunions graves où le parler doctoral est de rigueur. Par cette après-midi de printemps maussade, sous notre ciel gris, tous les fervents de l'Entente franco-italienne s'étaient réunis dans le plus austère de nos édifices publics, parce que, à six cents ans de là, sous le plus beau ciel qui soit au monde au portail d'une petite église d'Avignon, un poète avait rencontré celle qu'il devait chanter toute sa vie.

La solennelle trinité de M. Pierre de Nolhac, des éminents professeurs Hauvette et Hazard, avait entrepris de faire revivre à nos yeux de modernes trépidants la scène délicieuse : elle ne faillit point à sa tâche. Nulles voix ne pouvaient être plus autorisées. L'illustre Académicien exposa « l'historique » de la commémoration. Le clair parler de M. Henri Hauvette évoqua Laure, la gracieuse « *Giovinetta* » aux cheveux de soleil, en nappe d'or sur les épaules ; et

les mots qu'il disait fluaient, limpides comme les
eaux de la fontaine de Vaucluse, laissant après eux
le parfum des lavandes de Cavaillon. Quant à M. Paul
Hazard, c'est tout le soleil du Comtat qu'il fit étin-
celer et ruisseler sur nous ; avec la saveur piquante du
plus pur esprit parisien, il évoqua Pétrarque jeune,
Pétrarque amoureux, Pétrarque arbitre des élégan-
ces, nous reposant du traditionnel capuchon lauré
de l'Humaniste.

Jeunes gens dont les regards se croisèrent, par un
matin d'avril, au portail de Sainte-Claire, l'émoi qui
vous fit tressaillir n'est pas encore calmé. Quoi que
vous ayez fait ici-bas, et quelles qu'eussent été vos
destinées, vous êtes toujours pour les lettrés, ces
éternels amoureux des jolis gestes, le type immortel
des amants : une force, toute faite de faiblesses, qui
commande, sans le savoir, à une autre force : la
vigueur, le talent, le génie, — par la grâce toute puissante d'un sourire.

Le sommeil sous la lampe

Par un lumineux matin de Juillet, alors que l'a-
louette jetait au ciel sa note d'allégresse, que les lauriers agitaient leurs touffes carminées entre les gre-
nadiers pourpres et les roses luxuriantes, Pétrarque
dormait, penché sur un manuscrit, éclairé d'une petite
lampe suspendue à son pupitre. — La très simple
maison d'Arquà devait être toute rose, au soleil matinal, entre les cyprès solennels qui montent la garde
devant la loggia. — Et les douces collines Euganéennes que chante d'Annunzio, *« bleues et repliées comme
les ailes de la terre dans le repos de la nuit »* étaient
encore vêtues d'une gaze dorée.

Pétrarque dormait... Dormir ? Rêver, peut-être ! Se
revoyait-il, enfant, sur le chemin de Pise, rencontrant
dans une cérémonie publique « l'homme qui revenait
de l'Enfer » prématurément vieilli ? L'aurore de Pétrarque croisant le crépuscule de Dante : l'aube d'une
poésie nouvelle saluant l'homme en qui s'incarna
tout le mystère, tout le merveilleux du Moyen-Age,
quel sujet de méditation ! De cette rencontre jaillit
peut-être l'étincelle qui sacra poète l'enfant d'Arezzo.

Ou bien revoyait-il le pays de Vaucluse, et son
ami de Cabassol au château de Cavaillon ? Evoquait-
il la douce rencontre de Laure, par un matin d'Avril,

au portail de Sainte-Claire ? Répétait-il son apostrophe aux seigneurs d'Italie ? Ou bien encourageait-il le tribun Rienzi qui faillit donner à son pays la liberté ? Se voyait-il sollicité d'aller cueillir le laurier, à la fois en Sorbonne et sur le Capitole altier ? Ou, par le souvenir, comme ont coutume de le faire les incorrigibles voyageurs, se rappelait-il les longues pérégrinations du nord au sud de la France, et d'un bout à l'autre de la péninsule ?

Car Pétrarque fut bien autre chose qu'un poète dont la foule ne connaît que quelques strophes amoureuses. En lui vivaient, se complétaient, s'harmonisaient le voyageur intrépide, le bibliophile patient, l'humaniste fervent, le politique novateur, l'infatigable liseur, l'amateur de jardins et de fontaines ; et il serait bien intéressant d'étudier les différentes faces de cette physionomie attachante et complexe.

A quoi rêvait-il, par ce pur matin d'été, penché sous la lampe ? — A tout ce qu'il fut sans doute — et à bien d'autres choses encore, — car un monde nouveau venait de s'ouvrir devant ce grand voyageur. — Sur un manuscrit, que M. Pierre de Nolhac pense avoir identifié, — qui repose à la Bibliothèque Nationale et que nous avons pu vénérer l'an dernier lors de l'exposition du « Livre Italien » — Pétrarque avait exhalé son âme. Son dernier souffle s'était envolé avec le chant de l'alouette et le parfum de ses lauriers. — Et il est bien juste que la mort vienne cueillir ainsi les bien-aimés des Dieux : Turenne au combat, Molière en scène, Guynemer dans l'azur, Pétrarque sur un livre, ce résumé d'un infini.

Madonna Laura

« Da' be' rami scendea.
« (Dolce nella memoria)
« Una pioggia di fior sovra 'l suo grembo;
« Ed ella si sedea
« Umile in tanta gloria
« Coperta già dell'amoroso nembo. »
(CANZONE XI STANZA IV,
in vita di Madonna Laura).

Qu'elle est séduisante, cette vision de Laure « mo-
« destement assise sous les rameaux fleuris, déjà
« couverte de l'amoureuse nuée, tandis que, douce-
« ment, tombe sur elle, une pluie de pétales ».
Essayer de traduire la célèbre Canzone est vanité :
on ne traduit pas le chant du rossignol, le murmure
de la source, le soupir de la brise. — Et le tenter en
vers est purement sacrilège : Autant mettre des paroles sur le *Ballet des Sylphes*, ou affubler du vêtement des mots quelque « *Nocturne* » de Chopin. —
On ne traduit pas l'impondérable, la mélodie d'un
songe, le rythme d'un cœur qui s'épanche comme une
corolle répand son arôme, surtout lorsque cette harmonie a pour moyen d'expression la plus sonore
langue du monde, la langue d'amour, musicale à tel
point qu'elle est elle-même une musique.

Laure... Jamais nom fut-il mieux fait pour la Poésie que ce doux nom, sonore et léger comme la brise « l'aura », qui sent à la fois l'oléandre et la gloire, puisqu'il est le féminin du laurier « lauro ».

Laure de Noves ? Dame de Sades ? ou châtelaine des Baux ? Qu'importe ? Elles ont toutes vécu, ces nobles dames ; mais d'elles il ne reste rien, pas même un nom qui soit bien à elles, puisque la postérité les confond. Mais « Laure » que certains disent n'être qu'un mythe, Laure est éternelle. Son voile blanc a mis une lueur sur l'œuvre d'un poète qui, sans elle, ne serait qu'un érudit, qu'un savant. — Ses yeux noirs, bleus ou pers, ont fait rayonner la lumière dans une âme d'amoureux ; son incorruptible sagesse a semé, dans l'âme d'un sensuel, une douleur féconde que le temps voila d'une harmonieuse mélancolie.

Fiction, artifice littéraire ? non. En ce monde il y a autre chose que des réalités tangibles. Comme se plaît à le croire le bon sens trop étroit des esprits « positifs », les douleurs des poètes ne sont pas toutes imaginaires. Et si le vers fixe en lui l'incarnat de la rose, sans que le temps lui fasse perdre la fraîcheur ou le parfum, c'est que, bien avant dans le cœur, pénétra l'épine.

Du portail de Sainte-Claire à la fontaine de Vaucluse, par le chemin fleuri de scabieuses et parfumé de lavande sauvage, tous les amants de la Poésie vont à la rencontre de celle « qui naquit en Paradis »; et, pèlerins d'amour, cherchent à retrouver près « des eaux claires, fraîches et douces » :

« E'l volto — e le parole e 'l dolce riso ».

Le Patriote

Alors que la France est déchirée par le début de la guerre de Cent Ans, que la vaillante, mais folle chevalerie française se fait massacrer, au lieu de s'organiser et de grouper ses forces pour chasser l'Anglais, plus triste encore est la situation politique intérieure de l'Italie.

Partout, guerres intestines, l'allié d'hier ennemi de demain. Les cités du nord gravitent autour de Venise et Gênes, deux rivales éternelles. Pour faire pièce à Lucques et au condottière Castruccio Castracani, Florence demande un fils de Robert de Naples : et pour faire pièce à Pise, achète Lucques, puis s'abandonne à l'aventurier Gauthier de Brienne qu'elle a vite fait de chasser. La guelfe Gênes devient gibeline, et, pour échapper à la reine de l'Adriatique, se donne aux Visconti de Milan, se reprend immédiatement, et pompeusement élit un doge, comme sa rivale. Affolée, Parme s'offre au Pape en 1326, et vingt ans après se livre à Milan. L'empereur Louis V est reçu par les Visconti, couronné à Rome par deux évêques ; il conclut des alliances, commande en maître, jusqu'à ce que le Pape français Pierre de Corbières l'ait chassé d'Italie. A la faveur de ces désordres, des adroits fondent une dynastie : Azzo Visconti arrondit son domaine lombard et forme une ligue puissante avec les della Scala de Vérone, les Este de Ferrare, et les Gonzague de Mantoue dont la maison ne tombera qu'au xvii° siècle.

Cliquetis d'armes, incendies, pillages, geôles sinistres, lueurs de bûchers..... C'est dans ce tumulte que peignait l'ineffable Giotto, que rimait l'élégant Pétrarque.....

Le chantre de Laure ne restait pas indifférent aux événements qu'il voyait se dérouler, son sonnet pour la Croisade arménienne, et la Canzone qu'il adresse « aux seigneurs d'Italie » le prouvent. Le nomade enfant d'Arezzo, qui circula de la Garonne à la Meuse, et de la Durance à la mer Tyrrhénienne, avait au cœur autre douleur que l'amour d'une femme. Il souffrait de voir la florissante Lombardie, et la Toscane parfumée, et le grave Latium, résonner sous les pas de hordes mercenaires ; puisque la nature prévoyante avait mis l'écran des Alpes entre la Péninsule et la fureur allemande, « la tedesca rabbia », pourquoi se fier imprudemment à des épées étrangères, si l'antique valeur n'est pas morte dans les cœurs italiens ? « sè l'antico valore — ne gl'italici cor non è ancor morto ».

L'art est tellement lié aux destinées de l'Italie que les poètes se rencontrent toujours aux phases critiques de son histoire. Si Dante fut Père de la Patrie, en fixant la langue en son unité alors que les intérêts des cités étaient multiples, divers, et rivaux, Pétrarque aussi peut revendiquer ce titre : En un temps de discorde il osa parler de paix, d'union, de nid commun, de « *la mère sainte et bonne où reposent nos morts* », et fut le premier à proclamer qu'un souffle unique devait gonfler le même étendard aux rives du Pô, de l'Arno et du Tibre.

Pétrarque et Rienzi

Le 8 avril 1341, Jour de Pâques, Rome en fête célébrait Pétrarque. Le poète avait préféré le laurier de
la Ville Eternelle à celui que notre Sorbonne lui offrait, et ce fut aux cris de « *Vive le Poète, Vive le
Capitole* » qu'il monta l'escalier en haut duquel l'attendait le Sénateur, entouré de douze jeunes gens
vêtus d'écarlate.

Ce triomphe littéraire était l'aube d'une révolution politique. Colà di Rienzi frissonna au cri de
« *Vive le Capitole* » poussé par le peuple-roi. L'insolence des barons romains favorisait l'anarchie à tel
point que Pétrarque, le soir même de son triomphe,
avait été attaqué par des brigands. Un mouvement
guelfe secoua la ville. On chassa un Orsini, un Colonna
pour donner l'exemple, et les treize élus du peuple
— les « Bons-Hommes » — envoyèrent une ambassade au Pape d'Avignon, lui demandant son appui.

Etrange aberration ! Dante voulait un Empereur,
sauveur de l'Italie — Pétrarque peint Rome affligée,
attendant le retour de l'époux ceint de la tiare. — En
aspirant à la liberté de l'Italie, ces deux fiers esprits,
ces deux grands précurseurs, ne proposaient qu'un
changement de joug. Il fallait arriver à nos jours
pour qu'un Garibaldi puisse rêver, sans folie, de la
voir voler de ses propres ailes, en dehors de l'Em-

pire et en dépit de la Papauté. La Liberté d'un peuple est un beau fruit mûr, d'autant plus savoureux que plus de siècles l'ont préparé par la souffrance, par la lutte, par l'anarchie même.

Rienzi avait les qualités qui flattent les imaginations italiennes : un remarquable talent d'improvisateur qui touchait les masses et les faisait vibrer. Rome en fit son idole, et les barons eux-mêmes le craignirent. En lui chantait un écho des lointaines prédictions de Joachim de Flore annonçant le signe prochain de l'Esprit. D'abord naïf, il se prit tellement au sérieux qu'il se crut l'élu de Dieu, appelé à régénérer sa Patrie. Puis l'orgueil en fit un histrion, et le peuple romain, prompt aux revirements comme toutes les populaces, poursuivit de ses huées et de ses malédictions celui qu'il avait honoré comme un demi-dieu.

Pétrarque, tout à son rêve, avait chanté les louanges de l'aventurier —. Et voici que l'épopée finit en farce, le peuple-roi traînait dans la fange des rues le cadavre en lambeaux de son tribun. Une fois encore un Poète inspiré devançait les temps et souffrait d'être un précurseur.

*
* *

Arquà Petrarca ! L'arche se dresse en pleine place publique. L'horizon des onduleuses montagnes se dessine doucement, évoquant invinciblement les nobles lignes du pays de Vaucluse et la chanson fraîche de la Sorgue. Pétrarque n'est pas condamné à l'ombre sinistre des cryptes : le soleil est la lampe d'autel qui veille devant son sarcophage — et la voûte de sa dernière demeure est la coupole du ciel.

Poussière d'or

Ravenne la Taciturne, autrefois port florissant, aujourd'hui à 9 kilomètres de la mer, si pleine de souvenirs que ce sont les vivants qui paraissent des ombres, et passent, presqu'effacés, rasant les murs pour éviter le soleil qui dissoudrait peut-être leur fragile apparence, — Ravenne, grand vaisseau enlizé, qui semble ne pouvoir garder que de rares passagers à bord, tant la nef est remplie de morts illustres, — Ravenne, sur laquelle resplendissent les yeux magiques de l'ensorcelante Théodora et le regard de madone byzantine de Galla-Placidia — douces et précieuses entre toutes les heures seront celles qu'il m'est donné de vivre sous ton ciel ardent !

La ville est triste, la population affable, la campagne sévère quoique bien cultivée. Partout on a l'impression que le lent travail des siècles s'est effectué brusquement, ces derniers jours ; auprès du tombeau de Théodoric, j'avais l'impression de marcher sur la plage à marée basse, et les longs galets polis du chemin aidaient à l'illusion. La plupart des églises, dont les nefs sont en contre-bas, donnent une impression de crypte mystérieuse qu'amplifie le contraste des mosaïques resplendissantes comme un soleil « *al tramonto* ». Rien de plus émouvant, de plus attachant, que ce long et patient travail du mosaïste. La raideur du mouvement, l'impassibilité du visage, l'uniformité du geste ne sont qu'apparentes. Dans la longue théorie de Sant'Apollinare-Nuovo, où les saintes exquises se dirigent lentement vers la Vierge et font face aux graves saints vêtus de blanc, à la suite de saint Martin, il n'est pas deux gestes semblables, pas deux sourires, pas deux regards, pas deux détails d'ornementation identiques. Entre les beaux corps élancés, des palmes prolongent leurs ondulations, et les pieds effilés, chaussés de sandales scintillantes d'émaux, foulent des fleurs épanouies. Et le tout marche, ondule, frémit ou rêve dans une poussière d'or, la poussière que le couchant met sur les chairs rousses du Véronèse et du Titien, et que le reflet de la mer semble semer indéfiniment.

Des avions autrichiens ont survolé Sant-Apollinare Nuovo en février 1916. La façade, une chapelle de gauche, une notable partie du plafond furent endommagées. Mais les jolies saintes souriantes ont continué leur éternelle procession : leurs grands yeux bruns semblaient interroger les graves docteurs et les vénérables prêtres : elles n'ont pas laissé tomber les couronnes précieuses et les guirlandes fleuries qu'elles présentaient d'un geste si doux, mais leurs lèvres onduleuses et fines ont dû se crisper en un spasme d'horreur, et murmurer un silencieux : « Pourquoi ? »

Un autre défilé se déroule à San-Vitale : à gauche, Justinien, sa cour et ses soldats; à droite Théodora, la femme de Bélisaire et quelques suivantes. J'ai passé de longs moments enivrés à contempler la majestueuse et énigmatique impératrice, parée comme

une icône, avec son vaste manteau où les rois mages
sont figurés portant leurs offrandes, sa haute coiffure
constellée de pierreries, son regard vraiment ensor-
celant. Pour me distraire de cette contemplation sévère, je reposais mes regards sur une délicieuse
femme de sa suite, la deuxième à sa gauche : figure
toute moderne aux beaux yeux tranquilles et doux ;
le geste a la grâce et l'harmonie des madones floren-
tines, la main semble dessinée par Donatello. La
robe est un cachemire à fond mauve aux multiples
dessins chatoyants, et le manteau est si souple que
je crois en sentir le bruissement soyeux. Petite figure
exquise, vieille de quinze siècles, quel enchanteur te
fera sortir de ton long sommeil, et renouvellera pour
toi le miracle de Paul Bourget faisant vivre, en sa
Némésis, la troublante Lucrezia Panciatichi ?

A quelques pas de là, le mausolée de Galla-Placidia.
D'étroites ouvertures, masquées de marbres transparents, laissent filtrer un demi-jour de crépuscule. Le
grand sarcophage se dresse au fond de la chapelle
entre celui d'Honorius et celui de Constance III.
Autrefois l'impératrice y trônait, rigide, vêtue du
manteau impérial. L'imprudence d'un enfant qui,
pour mieux voir, introduisit une bougie allumée par
l'ouverture du tombeau, fit de tant de gloire un peu
de cendres. La voûte azurée des mosaïques resplendit toujours, les étoiles y scintillent du même rayonnement calme, et les colombes nacrées continuent à
boire dans les vases d'albâtre entre les saints pensifs
qui contemplent le bon Pasteur.

Mosaïstes patients des ve et vi^e siècles, qui connaîtra
jamais vos noms ? Le grand Théodoric, qui fit trembler
le monde, avait peur de l'orage ; il fit construire la
Rotonde, recouverte d'un immense monolithe, pour

abriter sa précieuse personne, en attendant de recouvrir son impériale dépouille. Le tombeau resta toujours vide, et la Rotonde, envahie par l'eau, ne résiste
que grâce à la pompe qui fonctionne journellement.
Galla-Placidia, qui fut reine au pays d'Ataûf le Barbare, puis impératrice du plus grand empire du
monde, ne repose plus dans la somptueuse demeure
qu'elle s'était réservée. Théodora ne vint jamais à
Ravenne. Qui sait où reposent ses restes ? Théodoric,
Galla-Placidia, Théodora, vous n'êtes plus que des
noms, mais l'éternel sourire que les artistes anonymes
semèrent aux parois des nefs, à la courbe des voûtes,
demeure toujours aussi jeune, aussi frais ; le temps
n'a pas assombri la poussière d'or où les anges font
bruisser les ailes, et les palmes onduleuses semblent
bercer le sommeil des tourterelles.

CHAPITRE VI

AU CLAPOTIS DES LAGUNES

Quai des Esclavons

« Riva Schiavoni », au centre même de la courbe,
à deux pas de l'emplacement où s'élevait jadis la
maison dont le Sénat gratifia Pétrarque : un enchantement tel que, depuis un grand mois, à toute heure
du jour et de la nuit, mes yeux ne peuvent se lasser
de la contemplation, et que je ne puis admettre que,
dans quelques jours, ils n'auront plus, pour se reposer, qu'un horizon rétréci. Une vue comme n'en
avaient sûrement pas les Doges, puisque le palais
ducal manquait à leur panorama, et que nous le
voyons, nous, épanoui comme une fleur délicate et
rose après le violent orage de cette nuit, pareil aux
corolles qui s'offrent au baiser de la lumière dans la
fraîcheur du matin. L'harmonieux campanile, pistil
géant, le domine, et la courbe du môle aux tons céru-
léens semble le calice d'un immense lilium tacheté
de pourpre et de sanguine. — A gauche voici la masse
verdoyante du Jardin Public où déjà pointe la rouille
de l'automne ; plus loin la longue bande plate du
Lido, Malamocco, Pellestrina, l'infini de la lagune
devant laquelle s'interposent çà et là quelques îlots,
frères de ce San-Lazzaro de Byron, qui me laissa de
si précieux souvenirs. — Juste devant nous, San-
Giorgio dont la calme façade palladienne sourit
sereinement, et me rappelle un mot de Michel-Ange

parlant d'une jolie façade florentine de l'Alberti « *Ma fiancée Novella.* » A droite, le canal de la Giudecca dont la courbe sinueuse flue mystérieusement, jusqu'aux collines Euganéennes, semblerait-il, la Giudecca où le couchant a les plus beaux tons de la pourpre et de l'or, la Giudecca chère à Véronèse, au point qu'il la préférait aux autres vues de Venise, si vivante avec ses puissants vaisseaux dont les mâts se dressent vers le ciel, rivalisant avec les élans de la Salute et du Redentore. Puis la Dogana, marquant l'entrée du Grand Canal dont je distingue les palais, jusqu'au Dario, jusqu'au Venier, jusqu'au Da Mula. Et, fermoir du collier, les Jardins Royaux, la Libreria fleurie de Sansovino, les deux colonnes de la Piazzetta. — Un incessant va-et-vient de vapeurs et de vaisseaux, de barques et de gondoles où piquent leur note violente les grandes voiles de Chioggia, le tout voguant, filant, glissant, dans un bruissement, dans un frisson continu.

Au matin, les barques sont chargées de fruits et de légumes disposés avec un art vraiment savoureux : grands paniers plats où les pyramides de tomates vernissées contrastent magnifiquement avec le vert clair des choux, le violet des aubergines et le vert sombre des courgettes ; mannes énormes pleines de citrons ou d'abricots aux tons d'aurore, et surtout immenses hottes de raisins blancs transparents qui semblent poudrés d'un givre léger. Des pêcheurs, revenant du large, accrochent lentement leurs barques aux palis et s'en vont porter leur fraîche récolte par la ville, en de larges corbeilles plates posées sur la hanche. Alertes et vives, d'ardentes Vénitiennes au chignon conquérant vont et viennent, serrées en de grands châles noirs dont les souples effilés s'accro-

chent aux gilets des passants, aux éventaires des fleuristes, toujours en un bruissement, en un glissement,
en un frisson doux comme celui des eaux. De temps
en temps une note discordante : l'affreux canot automobile qui fend brutalement la nappe tranquille, agitant les pauvres gondoles, faisant battre violemment
les eaux sur le quai. — ou bien, une note plaisante :
de grands radeaux automobiles, mais silencieux, qui
transportent sagement et lentement quatre ou cinq
wagons, parfois une locomotive, ou des chevaux dont la
tête surgit, les oreilles dressées — ou encore un démé-
nagement en barque, et parmi les meubles, un piano
mécanique : le cortège se hâte lentement, long sera
le voyage ; alors, pour se distraire, le rameur pose
l'aviron, remonte la manivelle, et retrouve une
ardeur nouvelle au rythme de cette drôle de chose
inerte qui transporte, sur le silence des eaux, une
harmonie flottante. — Mais tant pis pour ceux qui
viennent à Venise avec l'espoir d'y entendre des sérénades passionnées ou des concerts au clair de lune : les
quelques « musiciens » qu'ils rencontreront, groupés
sous quatre lampions, les dégoûteront de leurs pré-
tentions romantiques.

*
* *

« Vaporetti » et gondoles ne sont pas seuls à défiler devant nos yeux sur les tranquilles moires des
lagunes. Par la pensée je revois les éblouissants cor-
tèges d'autrefois, quand sur le rutilant Bucentaure,
au large de San-Niccolo, le doge allait célébrer les
Epousailles de la mer, et les galères somptueuses qui
formaient l'escorte des hôtes de marque. Voici Barberousse et le Pape Alexandre III s'embarquant au

Lido pour venir en 1177 sceller la paix à l'entrée de la basilique San-Marco. — Voici la nièce de Sixte IV, la belle Catherine Sforza, suivant son époux, l'infâme Riario, pour tenter, par la diplomatie, d'arracher Ferrare au marquis d'Este; cent jeunes dames vêtues de blanc et de brocart d'or la reçoivent à son arrivée. Mais le dépit seul l'accompagne après sa déconvenue. — Voici la triste Catherine Cornaro, reine de par la volonté de la Sérénissime, puis veuve de Jacques de Lusignan, régente par pitié, presque sommée d'abdiquer, se réfugiant en sa cour de lettrés d'Asolo. — Voici, retour de Pologne, Henri III regagnant la France; des honneurs particuliers lui sont rendus qui s'adressent bien moins à la personnalité du souverain qu'à son caractère sacré de Roi des Lys; il s'achemine vers l'Arc de Triomphe élevé par Palladio; suivi du Véronèse, traverse la lagune sur le Bucentaure et vient loger au plus bel endroit du Grand Canal, au Palais Foscari tout tapissé de tentures merveilleuses. — Voici la reine de la Renaissance, la charmante Isabelle d'Este, reçue par la Seigneurie avec des honneurs princiers, bien que son mari Jean-François Gonzague vienne d'être destitué de sa charge de condottière de la République; mais le sénat vénitien cache la nouvelle à la délicieuse femme qui regagne tranquillement son palais de Mantoue, ignorant ce que toute l'Italie savait déjà. — C'est ce même chef, ce Gonzague, héros de Fornoue, qui s'attira la colère de la Sérénissime par ses tendances francophiles, en envoyant son médecin au camp de son beau-frère, le duc de Montpensier. Furieux de se voir enlever sa charge, il chevauche farouchement par le quai des Esclavons, au grand ébahissement des Vénitiens pour qui les

seuls chevaux familiers étaient ceux d'un quadrige
de bronze ; puis gagnant par eau San-Giorgio-Mag-
giore, invective violemment le procureur qu'il rencontre sur les marches. — Et voici le vainqueur
d'Arcole et de Rivoli : après avoir patienté, tâtonné,
ne pouvant avoir confiance en Venise qui louvoyait et
cherchait à se concilier l'Autriche, il supprime d'un
trait de plume l'antique gouvernement des Doges,
asservissant à un joug détesté la seule grande ville
italienne dont l'indépendance avait été respectée.
Enfin voici l'Empereur, grisé d'un rêve de Titan, qui
assiste, en 1807, du balcon du Palais Balbi, aux jou-
tes données sur le canal.

*
* *

Septembre suspend en girandoles sa mélancolie
pénétrante et douce. La tristesse du départ prochain
nimbe à nos yeux la ville d'une poésie plus intense,
presque poignante. A la veille de regagner notre
douce France, de cette belle Riva degli Schiavoni où
le soleil essaime une poussière d'or, j'évoque un
autre souvenir, très pur, très émouvant. Par un jour
de septembre, beau comme celui-ci, alors que les
nuits vénitiennes étaient troublées par le clairon des
alertes et le fracas des canons et des bombes, dès
l'aube un officier, tout vêtu d'azur, cheminait tranquillement sur ce quai où le soleil projette en ce
moment les ombres obliques de jolis voiliers. Il portait sous le bras une très petite mitrailleuse, et s'é-
tant arrêté au Danieli, très simplement sur le regis-
tre de l'hôtel qu'on lui présenta, écrivit ces mots :
« Capitaine aviateur de Beauchamp. » Littéralement,
il tombait du ciel : on apprit plus tard qu'il avait

quitté la veille le front d'Alsace, jeté des bombes sur Munich pendant la nuit, traversé les Alpes, et fini par atterrir dans un champ voisin de Venise.

« *Ne vous semble-t-il pas, Perdita....* » disait Gabriele d'Annunzio dans « *Le Feu* », comme s'il avait prévu que, blessé lui-même dans une randonnée d'aviation, il devait écrire son émouvant « *Notturno* » sur un lit de douleur et dans une nuit complète....

Deux mois après, le capitaine de Beauchamp tombait foudroyé d'une balle, à Douaumont.

*
* *

Riva Schiavoni ! Pourquoi, dans quelques jours, mes yeux n'auront-ils plus, pour se reposer, qu'un horizon rétréci !

San Niccolo

Toutes les dix minutes, le vaporetto de la gare, qui s'arrête à chaque ponton, mène à Santa-Elisabetta en une demi-heure. Tous les quarts d'heure un autre vapeur, plus grand, y mène de San-Marco en quelques minutes. Toute la journée c'est un incessant défilé de touristes et d'indigènes qui vont « *faire la trempette sur la plus belle plage du monde* » et traversent le Viale bordé de villas luxueuses et d'hôtels tapageurs.

A ma honte, je l'avoue, j'apprécie fort peu le Lido — du moins celui-là. J'ai l'habitude de nos délicieuses plages bretonnes, où la mer chante et bougonne entre les rochers de la côte d'Emeraude ou de granit rose — et de nos plages provençales parfumées de mimosas, faisant pointer leurs caps aigus couronnés de pins à la robe violette. — Les grands boulevards de sable de Scheveningue, d'Ostende ou du Lido, me font éprouver une impression décevante : le désir vague d'aller voir plus loin, tout au bout, ce qu'on y trouve — et les découvertes qu'on y fait paient rarement la peine qu'on se donne.

Préférant le vapeur qui ne part que toutes les deux heures et semble muser à chaque ponton, nous mettons une grande demi-heure pour gagner l'extrémité nord du Lido, la station de San-Niccolo, en longeant d'abord la pointe sud-est de Venise, l'île de Sant'Elena, fameuse par ses courses de chevaux, et le fort ancien de Sant'Andrea que construisit Sammicheli. L'Anadyomène change de visage : la courbe de la riva Schiavoni semble se refermer vers San-Giorgio, et sur la rive nord de la cité l'œil découvre la tour de l'antique San-Pietro-di-Castello, San-Francesco-della-Vigna qui nous laisse l'adorable souvenir d'une Madone de Negroponte, — et les coupoles de San-Giovanni-e-Paolo — *Zanipolo* — le Panthéon vénitien.

Le vapeur nous débarque à San-Niccolo. Autant la ligne droite du Lido me semble fastidieuse, autant la courbe de cette rive nord me paraît séduisante. Ce n'est pas ici la plage des élégants, c'est le Lido des rêveurs qui aiment à promener leur songerie en un cadre grandiose, pour s'imprégner de la splendeur du couchant sur la miroitante lagune. Un large boulevard planté de vieux platanes, au bord même de l'eau, permet de jouir de l'incomparable panorama, même aux heures chaudes de la journée. — Et c'est sous l'ombrage recueilli de ces beaux arbres que nous regagnons l'embarcadère, à la dernière heure du couchant, pour jouir du soleil le plus longtemps possible.

Fort pittoresque, cette petite place de San-Niccolo, bordée d'un rio silencieux, au long duquel s'ébat la marmaille au milieu des oies et des canards, — avec sa vieille église trapue dont la façade élève, comme une offrande, le buste et le tombeau de son fondateur Domenico Contarini, — son joli clocher à coupole blanche, ses quelques maisonnettes blotties contre le mur sacré, autour d'un beau puits de pierre,

— son auberge minuscule où quelques paysans chantent et bavardent plus qu'ils ne boivent sous une petite tonnelle, personnages de quelque *Téniers* d'une tenue et d'un coloris infiniment distingués. Des saules trapus bordent la rive, et Venise, à contre-jour, entre leurs troncs penchés, paraît une cité de rêve dessinée dans le vague d'une vision.

Dans la pourpre crépusculaire, la vision se précise. Ce modeste vapeur lointain vaguement entrevu, ce n'est plus un vapeur : Les rayons qui dorent sa carène, les grands nuages qui glissent et font chatoyer les ombres, les longs reflets métalliques filtrant sur l'eau, font de lui le *Bucentaure* éblouissant, fendant la nappe miroitante sous l'effort de ses vingt-huit rameurs. Il porte — splendeur majestueuse et vivante, vêtue de pourpre et d'or, — un homme grave dont le visage ne sourit jamais.

Et l'une des toiles de Gabriele Bella que nous vîmes au palais Querini, si précieux pour les évocations du passé, s'amplifie et s'anime : l'homme s'avance au large de San-Niccolo ; le peuple qui l'acclama lorsqu'il lui fut présenté, le peuple suit attentivement ses gestes : très lentement il va, et se penchant un peu vers la belle Epousée, prononce avec gravité les paroles consacrées : « *Mer nous t'épousons, en signe de notre véritable et perpétuelle domination.* »

La voile est tendue, le vent des souvenirs la gonfle, et l'imagination vogue, vogue, ne sachant plus rien de l'espace ni du temps. En 1071, à la mort de ce Domenico Contarini dont le sarcophage se dresse au porche de San-Niccolo, tout le peuple se rendit en barque au Lido, et tandis que l'évêque de Castello célébrait l'office, ne cessa de crier tant qu'on ne lui eut pas donné satisfaction : « *nous voulons pour notre Doge Domenico Selvo.* » — Naturellement le *Grand Conseil*, jaloux de l'autorité que ce mode d'élection conférait au chef de l'Etat, réforma par la suite cette cérémonie : douze électeurs — deux par quartier, — choisissaient chacun quarante citoyens parmi les plus estimables, et parmi ces 480 élus qui formaient le *Grand Conseil*, pour un an, l'élection désignait les onze membres chargés de désigner le Doge. Neuf voix au moins devaient se réunir sur son nom, et c'est pour donner au peuple une ombre de satisfaction que la présentation se faisait selon la formule : « *Celui-ci est votre Doge s'il vous convient* ».

Puis, voici Barberousse et le Pape Alexandre III, hôtes du couvent en 1177, et que je vois s'embarquer au son des cloches d'allégresse ; et les galères voguant vers la Terre-Sainte dès le xii⁰ siècle, car Venise fut la grande escale des pèlerins et des Croisés, comme l'attestent, sur notre Riva Schiavoni, le « Pont du Sépulcre » à l'angle du Rio où s'élevait, au début du xixᵉ siècle, la maison léguée par Elenà Celsi pour abriter les voyageurs qui se rendaient en Palestine ou revenaient d'Orient. — Revêtu d'un costume d'écuyer du Doge, dissimulé dans un coin du Bucentaure, le grand Titien contemplant la pompe déployée par la République en l'honneur du voyageur venu de la Pologne lointaine, croque hâtivement les traits du Valois.

Et le défilé continue : Retour triomphal de Lépante et des Dardanelles, acclamations populaires et canonnades accueillant Francesco Morosini, le Péloponésiaque, et le retour de sa dépouille mortelle en sa patrie, tandis que Nauplie gardait son cœur.

*
* *

Entre les saules trapus de la rive, l'Anadyomène s'est endormie dans le silence des eaux mortes. Un grand voile mauve l'enveloppe, et les derniers rayons du couchant se meurent sur les collines Euganéennes. L'heure est douce et la promenade au long des lagunes, jusqu'à Santa-Elisabetta, délicieuse. De plus en plus l'ombre descend. A notre droite les eaux ne sont plus qu'une immense nappe, immobile, où, parmi de sombres lueurs de bronze, scintillent çà et là, comme de rapides éclairs, les phares verts et rouges des vaporetti. A notre gauche, dans les buissons, par milliers, des cigales font sonner leur musique stridente qui nous assourdit, aiguë à tel point que, dans le silence impressionnant du soir, un frisson nous saisit. Au lointain se précise une masse : un de ces grands vapeurs à haute plate-forme, qui font le service direct de Saint-Marc au Lido s'avance, majestueux. Sa forme est noyée complètement dans l'ombre, et seules nous en percevons les clartés : lumières de l'étage inférieur, traçant une longue ligne jaunâtre au ras de l'eau ; feux de l'avant et de l'arrière, blancs et rouges ; et très haut, comme un œil de Cyclope, feu vert unique pointant sa note fraîche. Une courbe élégante laissant un long sillage sur l'eau moirée, un subtil bruissement pareil au frisson des soieries et des brocarts — et l'invisible vapeur dont les feux passent et fluent, s'entrecroisent et se conjuguent, fait songer à quelque monstre marin évoluant sur les eaux calmes, enveloppé de ces rayons magiques dont la fragilité n'a d'égale que l'élégance, ces créations fées que d'un coup d'œil

sûr, d'un geste souple et régulier, par les seules forces coordonnées de la flamme et du souffle humain,
des artistes silencieux font naître pour la joie des
raffinés amants de la lumière, dans les Fournaises de
Murano.

Fleurs de feu

Les derniers rayons du pâle jour d'hiver tombent
sur une coupe de Venise, qui semble les retenir
indéfiniment.

Parmi les humbles objets nés de la fantaisie humaine, il n'en est pas de plus séduisant, de plus profondément divin ; un peu de sable confié à la force
magique du feu, puis au souffle de l'homme, — ce
sable fin qui sommeille au sein des mers parmi les
algues parfumées ; — puis l'âme de la terre : le feu ;
— et l'âme de l'homme : son souffle. Et voici née
la verrerie vénitienne, qui dit la gloire de l'Anadyomène plus que les exploits de Francesco Morosini.

L'ouvrier n'est pas l'être voûté qu'asservit une
besogne rude, alourdissant le corps et courbant les
épaules. Il manie sa canne de deux mètres avec une
aisance parfaite, tourne, retourne, agite, souffle,
combine, brise, fixe, soude, avec une incomparable
dextérité. Attentif, il surveille la masse en fusion ;
ses doigts subtils impriment, toujours en cadence,
des mouvements d'une infinie variété. Que les fantaisistes veuillent bien réfléchir à la discipline rigide

qu'il doit s'imposer pour créer l'œuvre exquise, prodige d'équilibre et d'originalité, que son caprice contrebalance rigoureusement.

Michel-Ange faisait voler les éclats du Carrare où bouillonnait sa fougue, et Léonard, après mille retouches, parvenait à fixer le sourire de Monna Lisa. Mais le maître-verrier doit créer du premier coup ; le moindre de ses gestes reste définitif : un peu de pâte mobile au bout d'une canne, la cigarette aux lèvres, et la forme naît.

Ou plutôt, les formes innombrables de la cité marine ceinte d'écharpes transparentes, et revêtue de la magie des lagunes : souples dauphins, cygnes mélancoliques, conques évoquant celle où Vénus posa son pied blanc. Et toute la faune merveilleuse : chimères aux ailes éployées, hippocampes irrités, tritons, serpents et néréides, tout le cortège d'Aphrodite aux yeux glauques.

Et quel infini de pensées, d'impressions, de souvenirs, leurs couleurs n'évoquent-elles point ! Vous qui voyez Venise entre deux trains et dégustez les « gelati » du Florian en contemplant le jacquemart de la Merceria, vous ne sauriez les reconnaître. Mais pour qui vogua vers Chioggia dans les brouillards de l'aube, longea mille fois l'incomparable Grand Canal, erra par les rii solitaires où pendent les rousses vignes-vierges, gagna le Lido pour évoquer, au pied du fort, le Bucentaure éclatant portant le Doge de pourpre vers la haute mer ; — pour qui, allongé dans l'herbe, au bruissement des cigales, regarda naître une à une les lueurs de la nuit, quand les bouées rident en grisailles la nappe tranquille vers Murano, quand les vaporetti croisent leurs feux rouges et verts sur le Chenal miroitant, frôlant San-

Lazzaro où rêvent les oliviers de Byron, alors que de longues traînées pourpres soulignent à l'ouest le dessin des collines aériennes; — pour celui qui goûta l'infinie et complexe magie des lagunes, une coupe de Venise, c'est l'âme elle-même de la cité.

Byron et l'Italie

Le 19 avril 1824, à onze heures du soir, mourait de fièvre, à Missolonghi, un de ces hommes desquels fut dit le meilleur et le pire : lord Byron.

Anglais de vieille race, né de mère écossaise, après avoir scandalisé tous ses compatriotes renfrognés dans leur « cant », après avoir parcouru la Belgique, la Suisse, le bassin méditerranéen, séjourné longuement à Rome, à Ravenne, à Venise, il acheva sa tumultueuse vie dans le halo d'un double rêve : la gloire et la liberté de la Grèce.

Peu d'âmes furent aussi troublées que la sienne, peu de vies aussi mouvementées. Sa mort même ne fut pas calme. La tempête faisait rage et ceux qui l'entouraient ne parvenaient pas à s'entendre : « *Parry ne parlait qu'anglais, Tita qu'italien ; l'anglais de Bruno était incompréhensible, de même que l'italien de Flechter ; les domestiques ne parlaient que grec.* » Au milieu de ces incohérences, Byron disait « *la vie est un isthme entre deux éternités* ».

Quel désir ardent de paix tourmentait cette âme vibrante ! Entre deux chevauchées au Lido, deux traversées du grand canal à la nage, ou deux séjours aux bords de la Brenta, Byron avait soif de silence

VENISE
Le Rialto.

VENISE
Ile de San Lazzaro.

et de solitude. Sa gondole le conduisait à mi-chemin
entre les Jardins et le Lido, à San-Lazzaro qui dresse
sur le ciel mouvant de la lagune la pointe de ses noirs
cyprès et le bulbe oriental de son clocher. Les Arméniens, à qui fut concédée l'île, accouraient au-devant
de leur ami, l'accueillaient chaleureusement, et l'ac-
compagnaient jusqu'à la chambre où l'on montre
encore son fauteuil et sa table. Et là, dans le silence
que rythmait le flot sourd de l'eau tranquille, pour
apaiser son cœur et dompter les chimères de son
esprit, Byron étudiait l'arménien.

Puis, calmé, il repartait, au hasard des aventu-
res, capté par sa Fornarina, ou dans le sillage de la
molle Guiccioli. Quelle fut sa passion : la gloire, l'a-
mour, les lettres ? Puisqu'il les eut toutes, c'est
qu'aucune ne le posséda.

*
* *

Un pauvre enfant très mal élevé, que sa mère étouf-
fait de caresses, où poursuivait à coups de tisonnier ;
sur qui pesait un lourd atavisme de violences et d'ex-
centricités ; d'un orgueil tel qu'il faillit se trouver
mal au collège, quand, pour la première fois, lui fut
donné son titre de lord ; un pauvre enfant que son
mauvais génie mit trop tôt en possession d'une jolie
fortune, et qui, dès l'adolescence, connut ce malheur : ne rien avoir à désirer. Héroïque dès son plus
jeune âge, continuant à étudier pendant qu'on le tor-
turait pour lui redresser le pied ; exaspéré de l'hypocrisie qui régnait autour de lui ; aspirant de tout
son cœur à l'amour véritable, et n'osant espérer qu'il
serait jamais vraiment aimé ; se donnant tout à tout
ce qu'il fait, qu'il chevauche un pur-sang, compose

un poème, ou prenne part au Carnaval, et se jugeant sans la moindre indulgence.

Bien qu'en France il n'ait jamais vécu, Byron avait un travers bien français : la manie de dire du mal de soi-même, de persifler pour voiler une émotion profonde et sincère. — Et n'avait-il pas mille sujets de rire ? La Marianna Dolci revendait les diamants qu'il lui offrait ; la tempétueuse Margherita Segati giflait les femmes qui approchaient le poète et démasqua publiquement la comtesse Contarini un jour qu'il lui avait offert le bras. — Et Byron avait loué la Mira pour rétablir la santé de Marianna, et n'osait chasser sa Fornarina du palais Mocenigo...

Etait-il las des beautés plébéiennes, lorsqu'en novembre 1818 Teresa Gamba lui fut présentée au palais Albrizzi, contre leur gré à tous deux ? Depuis lors ils se virent chaque jour, tant que la comtesse fut à Venise. — Byron congédia ses maîtresses et renia ses heures vénitiennes : « *J'ai recueilli cet avantage du vice : c'est d'aimer dans le sens le plus pur du mot.* »

Qu'avait-elle pour retenir don Juan, cette Teresa ? Seize ans, beaucoup d'éclat, un sexagénaire de mari très riche, veuf en deuxièmes noces d'une femme de chambre ; une nervosité à s'évanouir trois fois en un jour lorsqu'on la sépara du poète, et certaine force déconcertante puisque, phtisique, vouée à la mort prématurée, elle s'éteignit à Florence, septuagénaire, veuve d'un second mari qui la présentait orgueilleusement : « *La marquise de Boissy, ma femme, ci-devant maîtresse de lord Byron* », et n'était célèbre que parce qu'il avait la spécialité de faire éclater de rire la Chambre des Pairs lorsqu'il prenait la parole.

Pendant six ans, Byron dépensa, pour cette petite

poupée charmante, des trésors de vraie tendresse, de dévouement ingénieux, l'arrachant deux fois à la mort et la suivant à Ravenne, à Bologne, à Pise. Et c'est tandis que pesait sur lui cette douce chaîne fleurie qu'il entendit l'appel de sa suprême amante, à laquelle il devait donner sa vie : la Liberté.

Las, poor Yorick ! le nom de Byron resplendit dans sa gloire, et sans lui, petite Teresa Gamba, comtesse Guiccioli, marquise de Boissy, qui saurait votre nom ? Las ! poor Yorick ! combien est belle l'honnête rondeur de ton crâne, quand on la compare aux laideurs que le temps inflige à certains cœurs féminins...

*
* *

De quel Italien moderne, épris passionnément de sa belle patrie, peuvent être ces élans passionnés, ces vibrantes invocations :

« O ! Rome, ma patrie, cité de l'âme, — vers toi se tournent les cœurs déshérités. » (1) — « O ! ma terre de beauté ! (2) — Belle Italie, tu es le jardin du monde ! ». (3)

De quel patriote clairvoyant, ces notes douloureuses comme un lamento : « sans enfants, sans couronne, la Niobé des nations se dresse. » (4) — « Où est la Roche du triomphe, l'auguste lieu où Rome étreignait ses héros ? » (5) — « Et l'ami de Pétrarque, l'espoir de l'Italie, le dernier des Romains ? (6) »

Childe Harold'sPilgrimage : Chant IV.
(1) LXXVIII.
(2) Prophecy of Dante.
(3) Ch. H. P. Chant IV. XXVL.
(4) id. LXXIX.
(5) id. XLII.
(6) Prophecy of Dante.

De quel apôtre fervent de la Liberté, ces deux strophes vigoureuses, qui ne sont qu'une traduction presque littérale du sonnet de Filicaïa, sonnet fameux qui chante en tous les cœurs latins : « Italie, Italie ! Toi qui reçus le don fatal de la beauté ! » (1) Et cet acte d'espérance et de foi, digne de Garibaldi s'il eût été poète, digne de Dante s'il eût pu prévoir la « terza Italia » : « La terre d'Ausonie encore a des cœurs, et des mains, et des armées (4) » et cet autre encore : « Les âmes romaines revivront en des œuvres romaines nées de mains italiennes. » (2) ?

De qui ces mots d'amour, ces plaintes, ces élans ? D'un dandy que les gens dits « sensés » jugeaient un peu fou ; d'un dilettante qui fuyait son propre pays : « Londres l'enfumée faisant bouillir son chaudron trouble » ; d'un poète que le mercantilisme de ses compatriotes dégoûtait à tel point qu'il refusait de s'installer en Suisse « parce qu'on y rencontre trop d'Anglais » ; d'un être doué d'un des plus nobles cerveaux du siècle, et dont les jours s'écoulaient à faire le sigisbée de la comtesse Guiccioli.

Quand Pietro Gamba connut la liaison de sa sœur, il vit d'abord d'un assez mauvais œil le richissime lord, mais eut vite fait de découvrir quel parti l'on pouvait tirer de l'enthousiaste jeune homme. Il le fit adhérer à la secte des carbonari de Ravenne, et quand Naples se révolta, Byron ne ménagea ni son temps, ni son argent pour favoriser l'insurrection. Il s'y intéressa même trop : des imprudences lui échappèrent dans sa correspondance, la police pontificale y puisa de précieux renseignements.

Teresa Gamba ne devait pas faire de politique : elle

(1) id. CXII.
(2) id. CXIV.

n'eût pas fini marquise de Boissy, me semble-t-il, si elle eût été fervente patriote, dévouée aux idées libérales. — Mais elle se piquait de donner parfois un aliment à la verve du poète. Quarante ans plus tard, elle lui eût demandé sans doute une ode en l'honneur de Garibaldi ; à Parme, elle lui eût fait célébrer Verdi ; à Catane, Bellini ; à Pesaro, Rossini ; en sa qualité de Ravennate, Teresa n'avait que Dante sous la main. — Byron s'empressa d'écrire la « Prophétie de Dante », inspirée par l'amour le plus profond de l'Italie nouvelle, celle qu'il n'eut pas la joie d'entrevoir, car l'insurrection napolitaine échoua piteusement.

Le 14 mars 1820, alors qu'il envoyait à son éditeur Murray cette « Prophecy of Dante », naissait à Turin le futur héros du Risorgimento : Victor-Emmanuel. — Byron avait marché, comme le Chaldéen, « les yeux fixés vers les étoiles. » — Et quand la mort vint le prendre à Missolonghi, essayant de donner à la Grèce une liberté qu'il déplorait de ne pouvoir offrir à l'Italie, il pouvait répéter tranquillement ce vers de Childe Harold :

« Mais j'ai vécu, et je n'ai pas vécu en vain. »

San-Lazzaro, sous les Pampres

Afin d'éviter les sables de la lagune, le vapeur fait une courbe vers les jardins publics, puis file vers le sud, dans la direction de Chioggia, pour se diriger de nouveau vers l'est, déployant à nos yeux la conque splendide de la Riva degli Schiavoni dont les maisons claires s'alignent à la suite du Palais ducal, et semblent de lumineux visages aux yeux grands ouverts sur un spectacle de beauté unique au monde. Le vaporetto effleure une île, mi-forteresse, mi-monastère : l'asile des fous. Combien la misère humaine s'aggrave encore de la splendeur des choses ! Puis, l'arc se resserre : San-Giorgio s'interpose devant la Piazzetta ; son campanile s'approche du campanile de la Piazza, vire un peu, le baise pour s'en détacher, et se dresser à côté de lui comme un frère jumeau. Voici de nouveau une île : une noble façade du XVIIIe siècle érige son fronton triangulaire, et ses deux hautes fenêtres rondes se mirent dans la lagune, entre de beaux cyprès. A droite, des bâtiments rouges, que domine le bulbe d'un élégant clocher, se détachent sur un fond de verdure : nous abordons à San-Lazzaro.

Sous les pampres pesants, entre des haies de chèvrefeuille et de lauriers-roses, nous traversons le jardin, puis un cloître clair et frais où chante une fontaine à l'ombre d'un large cèdre. Le parloir où nous attendons a ses murs complètement couverts de petites toiles : vues de Venise, Madones d'Innocenzo da Imola, de Sassoferrato, et copies de grands maîtres. Le Père ne tarde pas. Il reconnaît immédiatement notre accent français, et nous offre un autre guide : « Dans notre couvent, nous dit-il très simplement, on parle toutes les langues. » Mais son langage est si clair, sa belle physionomie intelligente et franche nous met tellement en confiance, que nous préférons poursuivre l'entretien en italien.

Cette visite à San-Lazzaro est un vrai pélerinage : des prêtres arméniens, pleurant la patrie opprimée par les Turcs, ont demandé un refuge à la douce Italie. Venise leur concéda San-Lazzaro en 1717, et là, dans le plus beau cadre qui se puisse rêver, en vue de la cité des Doges, ils écrivent, lisent, entretiennent le feu sacré de l'amour de leur pays et d'une langue qui ne se parle plus guère, avec une patience, une largeur d'ésprit qui se comprennent seulement lorsque, vers le soir, le soleil se couchant sur le grand canal caresse les flancs purs des collines violettes, et, faisant rutiler les voiles rouges des grandes barques de Chioggia, semble fondre le ciel et la terre en une communion intime de lumière, et, chaque jour, reculer les limites de la beauté possible.

Ils sont là une trentaine de Pères, qui vivent parmi les souvenirs douloureux et tragiques de leur histoire ; ils ont une imprimerie, forment des novices, pour la plupart orphelins des derniers massacres. Certains sont poètes et leurs inspirations ont une ampleur, un lyrisme vraiment bibliques.

« *Je n'ai plus ma mantille tissée de roses et de violettes.* »

« *La bannière d'Italie me protège, et l'hospitalité offerte m'est douce.* »

— « *Mon Dieu, les martyrs de mon pays sont plus nombreux que les fleurs de votre Eden !* »

— « *Salut, ô mer ! En toi je vois frémir notre vengeance ! Comme tu es belle en ton immense fureur !* »

— « *Sur la plage, la mer susurre un chant. Que nous dit-elle ? Ce sont nos martyrs noyés qui murmurent une prière au Dieu des mers.* »

— « *Ma Patrie, tu es une étoile éteinte dans le désert des mers bouleversées. Lune, tu es la lampe allumée sur la tombe de ma race.* »

Le petit musée contient de nombreux souvenirs napoléoniens, un marbre de Canova représentant le roi de Rome, un collier donné par l'Empereur à Marie-Louise, un grand portrait de Napoléon III ; des vitrines contiennent de riches objets de Chine ou du Japon rapportés par des missionnaires ; une petite momie égyptienne dort là son dernier sommeil, revêtue d'une merveilleuse tunique de perles longues, azur et ocre, figurant des ibis et des dieux égyptiens parmi des frises de lotus — bien dépaysée au milieu de ces objets d'une autre civilisation ; — puis voici des miniatures précieuses, et certaine reliure d'émail glauque sur fond d'argent ciselé, délicieux travail ravennate pour lequel j'ai une prédilection marquée ; chaque objet commenté, discuté, présenté par le Père avec une bonne grâce vraiment paternelle. Avec un orgueil domestique bien compréhensible, il nous mène aux cuisines. Dans une pièce immense d'au moins douze mètres sur dix, de braves femmes écossent des haricots sur une énorme

table de marbre rose, d'un seul bloc, épaisse d'au
moins dix centimètres, due, ainsi que les splendides
armoires à poignées de cuivre, à la magnificence d'un
Contarini. Le réfectoire est gai ; les clairs carafons
de vin rouge — du vin de l'île — rutilent sur la blancheur éblouissante des nappes. Combien je le comprends, celui qui, entre deux chevauchées au Lido ou
à travers la Pineta, laissait pour quelques jours la
Fornarina ou la Guiccioli pour venir faire ici une
cure de repos, de silence.... et de labeur acharné,
avant de partir pour Missolonghi ! Mais de lui, je ne
dirai rien aujourd'hui, car j'en aurais trop à dire.

Le soir qui tombe enveloppe l'île. Le soleil sombre vers les Terres-Fermes dessinant la ligne onduleuse des monts. Comme ces coulées étincelantes qui
chatoient sur les beaux grès flammés, les traînées de
nacre serpentent, s'entremêlent, se fondent. Quelques rayons attardés allument les fenêtres du couvent, et me font penser à la belle lampe d'autel,
rouge et or, en forme de grenade, donnée par la reine
Margherita à la chapelle du couvent, offrande d'a-
mour de l'Italie aux frères sans patrie. Dans le
silence impressionnant, quelques bruits rythmés se
prolongent : ce sont les machines de l'imprimerie
du couvent, et les pressoirs où des enfants jettent
des corbeilles de merveilleux raisins noirs, car l'île
se suffit à elle-même et vit du produit de ses impri-
meurs.

Et tandis que, dans le parfum pénétrant des chèvrefeuilles, le vapeur nous ramène vers la *Dominante* dont peu à peu se précisent les clochers, il
nous semble entendre, avec le bruit des vagues, la
plainte du poète qui chante, espère et attend, dans le
silence de cette oasis embaumée :

« *Mon Dieu ! mesure mon cœur ! Tu le trouveras si petit pour une immensité de douleur !* »

« *Mourir ne nous sera pas trop amer, si quelque cœur sincère nous pleure.* »

« *Mon espérance ne sera pas vaine : un peuple ne disparaît pas, mais se renouvelle, comme la fleur des champs.* »

Les Oliviers de Byron

Voici enfin la grande pensée qui, surtout, m'attira ici : Lord Byron.

Quittant la déserte et fiévreuse Ravenne, entre deux chevauchées au Lido ou deux randonnées à travers la Pineta, Byron s'évadait du Palais Mocenigo et de la chaîne fleurie de Teresa Guiccioli. Childe Harold bouillonnait déjà dans sa tête, et les douloureux Foscari revivaient en lui leur tragique histoire. Etait-ce déjà l'appel de la Grèce et le cri des opprimés qui faisaient vibrer les fibres les plus profondes de son cœur généreux ? Il venait souvent, dans ce cadre poétique et parfumé, et les braves Pères ont pieusement conservé son souvenir.

Il travaillait dans une belle chambre très claire, les fenêtres ouvertes vers son cher Lido fleuri, qui n'était pas alors déshonoré par les banales villas modernes et les gratte-ciel des hôtels luxueux. Il aidait le père Pascal à la traduction d'une grammaire anglaise et, sentant le besoin de dompter sa fougueuse intelligence en lui donnant du tonique, il étudiait l'arménien. Au-dessus de la porte, son portrait semble éclairer la pièce : physionomie vibrante aux lèvres sensuelles, mais fines, aux beaux yeux ardents, brûlant d'enthousiasme, aux cheveux en coup de vent.

Et il est à la fois poignant et splendide, dans le calme de cette retraite laborieuse où le clapotis des vagues rythme la pensée, d'évoquer la fin du beau jeune homme jouisseur, en holocauste à la lumière de la Grèce, victime de choix sur l'autel de l'éternelle Beauté.

Il ne pouvait souffrir l'hypocrisie : ses fautes, ses audaces n'étaient que des bravades. Il haïssait ce « Cant » anglais, détestait les débauchés qui cachent leurs vices, épandant leur vertu en paroles froides et stériles. Et son mariage avec une femme incapable de « *faillir* » et de « *pardonner* » acheva de lui faire prendre les lois en horreur. Il fit de sa maison de Ravenne un rendez-vous des conspirateurs qui rêvaient la délivrance de l'Italie :

« *Un homme, ou un million d'hommes, qu'importe ? C'est l'esprit de liberté qu'il faut répandre. Ils veulent s'insurger ? Je ne leur ferai pas défaut.* »

Combien il ressentit la beauté de Venise, à la fois tragique, somptueuse et sereine :

« J'étais à Venise, sur le Pont des Soupirs,
« D'un côté, le palais, de l'autre une prison ;
« Je voyais ses monuments surgir des vagues,
« Comme sous la baguette d'un enchanteur.
« Autour de moi, mille ans étendent leurs
« Ailes ombreuses, et une gloire mourante sourit
« A ces temps lointains où maint peuple sujet
« Fixait les yeux sur les colonnes de marbre du Lion ailé,
« Alors que la pompeuse Venise trônait sur ses cent îles.
« Elle semble une Cybèle marine surgie de l'Océan.
« Elevant sa couronne de tours orgueilleuses,
« Dans le lointain des airs, d'un geste majestueux,
« Dominante » des eaux et de leurs puissances,
« Elle fut telle autrefois. Dans les dépouilles

« Des nations, ses filles trouvaient leur dot,
« Et l'Orient inépuisable, en pluie étincelante
« Versait des pierreries dans son sein. »

L'oasis parfumée de San-Lazzaro devait être un coin du Paradis pour celui qui écrivait :

My solitude is solitude no more,
But peopled with the Furies.

Là, l'impétueux jeune homme, débordant de forces et d'activité, ce sportif qui traversait les eaux à la nage, de Fusina au Lido, ce don Juan dont les bonnes fortunes faisaient scandale, ce viveur dont toutes les tendresses furent des passions, venait tout simplement travailler dans le silence du cloître. Et si sa pauvre âme troublée connut jamais quelques heures de repos, si la vie eut jamais pour lui quelque charme véritable, quelques bouffées de vrais parfums, ce fut là, entre ces Pères qui gardaient dans l'exil le souvenir douloureux d'une patrie perdue, à l'ombre sévère de ces cyprès entre lesquels courent des pampres.

Il aimait à errer par le beau jardin aux terrasses fleuries, et nous avons demandé à voir « ses oliviers ». Un jeune étudiant arménien nous conduit, sous les treilles admirablement cultivées, entre les carrés de choux, les planches de haricots et les plants de tomates, dont la beauté prosaïque a quelque chose de confortable et de rassurant, à la pointe nord-est de l'île : trois oliviers ont survécu, sur une petite terrasse ; ils abritent une table de pierre et un banc de bois sur lequel le jeune homme nous prie de prendre place et d'attendre l'inspiration, si le cœur nous en dit. Hélas ! la nature tend bien sa lyre merveilleuse, mais les doigts fiévreux qui en tiraient des accents si passionnés se sont croisés, dans le mystère de la mort, aux camps de Missolonghi. — Et bien profane serait, s'il n'était pas très grand, celui qui oserait en ces lieux « taquiner la Muse ».

Sceptique et cynique, Byron le fut, par contrecoup. Un atavisme terrible pesait sur lui. Mais ce qui fut surtout la grande caractéristique de son âme, c'était la générosité. S'il dépensait royalement, il donnait en proportion, et l'hypocrisie de la société est seule responsable de son cynisme.

« Je dédaigne de me mêler dans un troupeau, troupeau de loups, — même pour les diriger.

« Si dans mon sentier, je croisais des créatures — dégoûté de les voir de ma propre espèce — je me sentais dégradé et retombé jusqu'à elles.

Paix au misanthrope, par delà les mers, dans la lumière de la Grèce. Que jusqu'à lui les oliviers de San-Lazzaro exhalent leur suave arome et lui portent la vision de cette Venise qu'il a tant aimée, où quelques fervents vont évoquer son souvenir, et le défendre. Combien ont eu ses violences, son incrédulité, son cynisme, ont vécu dans la débauche et le dérèglement, sans avoir enrichi le domaine de l'art, ou jamais songé à mourir pour quelque noble cause ?

Un Prêtre de la Beauté : Ruskin

« *Pendant de longues années, ce que j'ai demandé au ciel avec le plus d'ardeur, c'est qu'à l'époque de la floraison la gelée épargnât les amandiers.* »

Hommes affairés du XXᵉ siècle, beaux produits de notre civilisation à outrance, le vieillard qui, dans ses souvenirs de jeunesse, écrivit cette phrase, n'était pas un fou, comme vous pourriez le croire. — Fervents qu'enchantent les Paradis de l'Angelico, celui qui confesse : « *Je ne demandais la vue d'autres trônes sur la terre que les rochers, — d'autres esprits dans le ciel que les nuages* », n'était pas non plus un mécréant. — Et vous, gens pratiques, qui cherchez dans l'existence ce qui peut vous rapporter le plus, vous conviendrez que lorsqu'on affirme : « *celui-là seul progresse dans la vie, dont le cœur devient plus tendre, le sang plus chaud, le cerveau plus actif, et dont l'esprit s'en va entrant dans la vivante Paix* », on s'entend mieux que vous à jouir des biens de ce monde.

C'est donc cet être à la fois simple et complexe, ingénu mais déconcertant, plus raisonnable que les plus sages, plus fol que les plus fantaisistes, cet être fait de contrastes, mais toujours sincère, généreux, spontané, que Chamonix voulut fêter le 19 juillet 1920. Au siècle le plus prosaïque, au lendemain de Waterloo, dans le pays le moins artiste du monde, en un milieu de négociants ponctuels et presbytériens, naquit, grandit rêva John Ruskin. Il reçut en héritage de son père cinq millions et, richesse plus appréciable infiniment : son enthousiasme pour la nature. N'est-ce pas tracer d'un trait la silhouette de ce père, que d'ajouter qu'il attendit neuf ans avant d'épouser sa fiancée, juste le temps nécessaire à payer les dettes paternelles, et ne se permit de songer à l'hymen que lorsque « *l'actif de son budget l'eut emporté sur le passif* ». On étonnerait beaucoup nos bambins modernes habitués aux poupées disant « Papa, Maman », aux chemins de fer à catastrophe et aux Pathé Baby, en leur parlant d'un petit enfant qui n'avait pas de jouets, et qui jouissait de la permission de s'amuser à sa guise « *à condition de n'être ni de mauvaise humeur, ni ennuyeux* ».

Mais eût-il habité Warwick, Ruskin eût conservé les yeux ouverts et se fût étonné de tout. Toute sa vie, il fut sévère pour les dilettantes, qui, lui semblait-il, profanent la beauté en en jouissant superficiellement. « *Pour un artiste*, dit-il, *choisir c'est trahir, et la nature doit être aimée, admirée, respectée, comprise. Il est naturel d'arriver à l'admiration par la sympathie. — La sympathie fait découvrir dans l'humanité des profondeurs où il y a plus de vérité que dans les formules et les mots.* »

Si Ruskin écrivit, ce fut pour exprimer, épancher, multiplier cette immense sympathie qu'il éprouvait pour toutes les œuvres de la création, depuis les roches immobiles douées d'une vie mystérieuse, les fleurs à la sensibilité si voisine de la nôtre, jusqu'à l'œuvre suprême du Créateur : l'homme. « *Mieux vaudrait voir disparaître toutes les œuvres de l'art plutôt qu'une seule créature humaine. — Aucune statue grecque ne fut jamais plus belle qu'une jeune Anglaise de pur sang* ».

Spontané comme il l'était, Ruskin eut de bonne heure des phobies étranges : Il ne pouvait souffrir une de ses petites cousines, parce qu'elle était coiffée de boucles inesthétiques, convenant mal aux lignes de son visage ; la vue d'un chapeau haut de forme, de l'affreux « *tuyau de poêle* », le mettait hors de lui, et les artistes qui, sous prétexte de « réalisme », s'appliquaient à représenter des guinguettes ou des scènes de barrière, lui semblaient des maniaques attaqués de la maladie de l'horrible. Il aimait la nature, mais la nature chez elle, et non défigurée par l'industrie. La vue d'une cheminée d'usine ponctuant lugubrement l'impeccable courbe du golfe de Naples, ou se reflétant dans l'eau mélancolique du brugeois Lac d'Amour, lui eût arraché des larmes, comme l'incompréhension de ce profane qui avouait ingénûment ne pas admirer la Vénus de Milo fit jaillir des pleurs sur le visage de Rodin. Aussi son rêve fut-il toujours de « *Vivre au milieu de la nature, heureux d'aider à cette vie s'il est en mon pouvoir, plus heureux encore si elle n'a pas besoin de mon secours* ». Dès son enfance il goûta avec la plus vive intensité, les joies de la terre riante : « *Le plaisir absolument pur, le vrai bonheur était de voir le jardin fleuri. Je préférais mille fois ses fleurs à ses fruits* ».

Cette vie solitaire et simple fit contracter à Ruskin une maladie incurable : la timidité, qui se manifeste comme il est assez fréquent de le constater, de deux manières absolument opposées : en l'empêchant parfois d'agir — et en lui permettant d'autre part toutes les audaces. — Mais il sut conserver toute sa vie ce trésor que bien peu, de nos jours, seraient capables d'apprécier : l'intégrité de tous ses sens, délicats infiniment, que n'avaient émoussés ni excès précoces, ni habitudes mauvaises, rappelant en cela le jeune Montaigne dont le père prenait soin de le faire éveiller au son des instruments, pour ne point nuire à l'harmonie de ses pensées. Heureux temps où les klaxons étaient dans les limbes, et où les secousses occasionnées par les camions automobiles eussent fait penser à de petits tremblements de terre !

Comme tous les timides, Ruskin se replia sur lui-même. Et, comme tous les enthousiastes, il rêva de s'épancher, de rayonner. La dualité de sa nature se manifesta durant toute sa vie. L'amour de la grande Cybèle, la grande Mère des Dieux qu'adoraient les anciens, donna à ce timide une force dont lui-même ne connut pas la portée : *« L'idée des collines dans le matin bleu s'associait dans mon esprit aux plus pures joies de la vie ».* Et cet amour de la terre le dégageait du souci des choses matérielles : *« Tandis qu'il m'est impossible de passer devant un cottage couvert de roses et de verdure, sans désirer en être le propriétaire, je n'ai pas encore trouvé le château qui m'ait fait porter envie au châtelain ».* Cette direction de sa vie, il l'avait trouvée tout enfant, alors qu'il comprit uu jour spontanément cette vérité : *« Il est infiniment préférable d'habiter une modeste petite maison et d'avoir la joie de visiter Warwick et de l'admirer — que d'habiter Warwick et de ne s'étonner de rien. »*

Il vécut donc autant que possible au milieu de la nature, mais ne dédaigna pas pour cela les œuvres d'art : *« Les Pierres de Venise »* — *« Les Matins à*

Florence » — « *Le Val d'Arno* » l'attestent. S'il fut souvent heureux de jouir de la beauté de sa Déesse, alors qu'elle n'avait nul besoin de son aide, combien de fois dut-il venir à son secours, et combien de fois dut-il souffrir devant les profanations que le machinisme moderne lui inflige, sans qu'il soit possible d'y porter remède.

« *Ruskin*, dit M. Robert de la Sizeranne dans son incomparable livre, si rempli d'émotion, de vie ardente, de lumière, de parfums, « *Ruskin combat son siècle comme le nourrisson dont parle La Bruyère bat sa nourrice, tout dru de la force que son lait lui a donnée, et les paroles mêmes qu'il prononce portent le reflet de tout ce qu'il a maudit.* » Pour lui on ne peut aimer sans comprendre, et il eût pu faire sienne la phrase du divin Léonard « *Plus on comprend, et plus on aime* ». L'amour de la nature le porte dès l'enfance à l'analyse, et l'amour de l'art le porte à étudier les sciences « *faisant la géologie des montagnes de Turner, la botanique des arbres de Claude Lorrain, la psychologie des anges de Della Robbia* ».

Comme tout amour sincère, sa tendresse fut créatrice, et mieux encore, ressuscita des cités dolentes, des artistes oubliés. Un monde nouveau s'ouvrit aux yeux de ceux qui suivirent le mage au cœur très simple et très pur ; et son enseignement fleurit parce qu'il était fait avant tout de sincérité.

Tout faux-semblant, tout « bluff » le révoltait : meubles plaqués, cheveux teints, visages émaillés, insultes permanentes à la noblesse de la nature. Il voue à l'exécration de tous les honnêtes gens l'artiste qui ose, à Venise, sculpter seulement une des faces du gisant pour le tombeau d'un doge, — Il se défie de l'esprit critique, plus attentif à ruiner qu'à édifier,

part de leur vie en ce qu'ils appellent le service de Dieu, c'est à dire à désirer ce qu'ils ne peuvent pas obtenir, à pleurer ce qu'ils ne peuvent pas éviter, à réfléchir sur ce qu'ils ne peuvent pas comprendre ». — Mais il condamne avec la même vigueur la science insolente. La beauté, source de joie, demeure inexpliquée, peut-être inexplicable à jamais. Son élément suprême, le charme, qui donc oserait le définir, et songerait à en formuler les lois ? Les philosophes n'exprimant que la laideur, et le Christ, doué de ce charme, étant une explication de la beauté, Ruskin revient vers lui en toute humilité : « la connaissance de ce qui est beau est le vrai chemin et le premier échelon vers la connaissance des choses qui sont bonnes et d'un bon rapport ; et les lois, la vie et la joie de la Beauté dans le monde matériel de Dieu, sont des parts aussi éternelles et aussi sacrées de sa création que, dans le monde des esprits, la vertu, — et, dans le monde des anges, l'adoration ».

Les détracteurs de Ruskin se sont amusés de ses nombreuses contradictions. Spontané, ardent comme il l'était, l'apôtre de la beauté devait certainement se laisser entraîner, dépasser sa pensée, quitte à remettre les choses au point en revenant sur ses pas. Il n'hésitait pas à confesser une erreur, modifier un jugement après une expérience malheureuse, avec la même spontanéité, la même ardeur. Nul respect humain, nulle fausse honte ne le troublait lorsqu'il se rétractait ; la seule honte pour lui eût été de mentir aux autres et peut-être plus encore à lui-même.

Une des caractéristiques de l'amour de Ruskin pour la nature était avant tout le respect. Profanation, l'acte du savant qui exhibe ce que la nature cache jalousement ; trahison, l'acte de l'artiste qui

« *montre l'aspect qu'elle a dérobé à nos yeux* ». Et Ruskin s'érige contre l'orgueil des savants de la Renaissance, passionnés pour l'anatomie « *Regardez au musée Brera, à Milan, ce raccourci intitulé : « un Christ », étude anatomique d'un corps mort, vulgaire, affreux avec la plante des pieds tournée de face vers le spectateur* ». — Je n'ai jamais pu voir ce fameux « Christ » sans éprouver un sentiment d'horreur et de répulsion, et l'indignation de Ruskin m'est douce ; mais il faut avouer qu'il dépasse un peu lui-même les bornes de la raison, lorsqu'il parle de la folie des Pollajuolo, Castagno, Mantegna, Vinci, Michel-Ange, « *ces grands artistes qui souillèrent toutes leurs œuvres de cette science damnée* ».

Ce respect pour la nature, Ruskin l'a pour les êtres inanimés. Une pierre doit être posée en « *lit* » comme elle était dans la carrière, et non en « *délit* ». — Les ornements géométriques des cathédrales italiennes trouvent grâce devant lui, puisque la nature a créé les mêmes formes pour les cristaux. — Et puisque la nature compose en polychrome, la cathédrale ne doit être ni incolore ni monochrome. — Inutile d'ajouter que Ruskin exècre l'infâme rococo, impie, déraisonnable, échevelé, et laisse échapper à Venise un torrent d'injures en contemplant l'architecture de pain d'épice de San-Mosé.

Chamonix a donc célébré son barde, celui qui vit dans les plus hautes montagnes les plus beaux temples à la Divinité. Que cet hommage ne demeure pas isolé. Plus encore qu'au XIXe siècle, si tourmenté, si turbulent, le vieux monde cherche sa voie, et quand passe le grand vent des tourmentes, il est bon de gagner en hâte l'accueillante et fraîche oasis.

La pensée de Ruskin est une de ces oasis où ceux

qui ont besoin d'idéal, de lumière, de douceur, aiment
à se retrouver ; et pour les conduire auprès du Mage
enthousiaste, exubérant, et très fol lorsqu'il n'est pas
la sagesse même, il n'est pas de guide plus charmant,
plus spirituel, plus émouvant que M. Robert de la
Sizeranne avec son livre exquis : *Ruskin et la religion
de la Beauté*. — On n'y apprendra pas l'art de faire
rapidement fortune, ni celui de supplanter élégam-
ment son voisin, conditions essentielles de la réussite
moderne. — On y glanera seulement çà et là de très
blonds épis, si lourds de joie, si gonflés de sève et
baignés de soleil, qu'on en fera une merveilleuse
gerbe, pour apaiser la faim de ceux qui ne vivent pas
seulement du pain qui se transforme en chair, mais
aussi de beauté, aliment de l'esprit, et manne céleste
réservée aux âmes de bonne volonté.

François Morosini

———

De la haute loggia, entre les élégantes colonnes qui soutiennent légèrement l'arc exquis des voûtes, et les balustrades ajourées, nous assistons au concert de bienfaisance organisé au profit des orphelins de guerre. Le coup d'œil est féerique : Les dômes dorés de San-Marco dominent l'architecture fleurie de la façade de l'Horloge et la noble ordonnance des bâtiments de Lombardo. La foule est massée dans la cour, autour des musiciens, près de la margelle des beaux puits de bronze. La douceur du soleil mourant met une poussière d'or sur les marbres et nimbe les visages : c'est l'heure du « Titien ».

Nous avons pris place à la galerie sud, et, en attendant le concert, nous regardons les bustes des Doges et des grands Vénitiens, échelonnés tout au long des loggias. Le plus proche est celui de François Morosini, le seul fils de la République qui, de son vivant, ait eu son buste au Conseil des Dix.

Francesco Mauroceno
Peloponnesiaco adhuc viventi
Senatus...

Bien varié le programme du concert : Rossini,

Paul Dukas, Gounod. D'actualité, un bel hymne à Cadore. Les voix d'hommes sont fermes, bien conduites, l'orchestre nuance bien. Mais les enfants témoignent d'une ardeur intempestive, et leur joie de chanter se manifeste par une tendance à crier — ce que nous avons remarqué d'ailleurs, dans nombre d'églises.

*
* *

Entre les morceaux, ma pensée voyage. Il m'intrigue, ce Péloponésiaque, pour qui le sévère Sénat vénitien faisait fléchir la rigueur de ses lois. Que sais-je de lui ? Belle figure énergique et fine, aux yeux pénétrants, à la barbiche en pointe, il fait un peu penser à notre Richelieu. Son regard perçant me poursuit, pique ma curiosité, éveille en moi ce désir passionné que l'on ressent de plus en plus chaque fois que, creusant plus à fond l'histoire, on rencontre un de ces êtres, morts depuis des siècles, qui semblent vous implorer, et vous demander de les restituer pour quelques jours à la vie.

Le concert touche à sa fin. Les incomparables pages de « *Il Fuoco* » s'imposent à la mémoire. Du regard je cherche « *le second puits* », du côté du môle, où la Foscarina donne rendez-vous à l'irrésistible Stelio. Je vois le Poète montant l'escalier des Géants, et j'attends presque le coup de canon qui doit annoncer que la perle de l'Italie, « *la bella incoronata* » est sortie de la Reggia. Mais les joyaux des dogaresses ne scintillent plus sur les poitrines palpitantes : ils dorment au fond des écrins, dans l'ombre des armoires, car les femmes du peuple exhibent maintenant tant de multiples bracelets, de bagues ou de pendentifs, tant de pierreries fausses voisinent avec des ongles qui n'ont rien de la nacre, que les vrais bijoux se dissimulent, comme les étoiles se refusent à rivaliser avec la lueur des becs de gaz. Le charme est rompu, l'évocation se dissipe en fumée.

Mais le buste me guette : le regard pénétrant m'arrête au passage, me mène, et je le suis aveuglément par les « *calli* », par les églises d'abord, puis par les mers, sur la galère du temps.

*
* *

Près du pont de « *l'Accademia* », dans l'église San-Stefano, une belle dalle de bronze, placée à l'entrée de la nef, avait attiré déjà mon attention ; entourée d'une riche et sobre frise de Filippo Parodi, l'inscription se détache en larges lettres : « *Francesco Morosini, Peloponnesiaco, 1694* », accompagnée seulement du corno ducal et du bâton de commandement. Plus que tous les monuments pompeux de Zanipolo ou des Frari, le silence et le mystère d'une telle sépulture honorent dignement l'homme qui porta si grand nom. — Et j'avais recherché, sur la petite place, devant le palais Pisani, où par désespoir d'amour se suicida Léopold Robert, le palais Morosini, gothique autrefois, et refait au XVI⁰ siècle, dans le style des Lombardi, très imposant avec son austère façade et ses hauts balcons de pierre.

Issu d'une famille installée à Venise dès le x⁰ siècle, et qui avait déjà donné à la ville trois doges, Marino Morosini au XIII⁰, Michel au XIV⁰, et au XVI⁰ Domenico, — qui comptait parmi ses filles deux reines : Tomassina, femme de André de Hongrie, et Constance, femme de Vladislas de Serbie, — et qu'illustrèrent trois dogaresses, des évêques, des capitaines et des historiens, — Francesco Morosini devait porter à l'apogée la gloire de sa maison. Voué aux armes dès sa jeunesse, il se rendit fameux par la conquête de plus de trente-sept places-fortes, la prise de 1.360 canons, et délivra sa patrie de plus de 200.000 ennemis par l'esclavage ou par la mort. Provéditeur, capitaine des galères pendant la guerre de Candie, il reçut du Sénat le commandement temporaire à la mort du valeureux Louis Mocenigo, et remporta le 26 juin 1654 la fameuse victoire des Dardanelles, en souvenir de laquelle le Doge et la Seigneurie se rendirent chaque année à San-Zanipolo pour entendre une messe solennelle.

Le héros s'était révélé de bonne heure : il n'avait que vingt-cinq ans lorsqu'il sauva l'armée des deux Mocenigo, enfermée dans les Cyclades; et la République avait une telle confiance en lui que les troupes offertes par notre Mazarin à l'ambassadeur Battista Nani lui furent confiées. Chef aussi prudent qu'avisé, on le vit tempérer la fougue de La Feuillade et des 1600 gentilshommes français, parmi lesquels on pouvait remarquer « *les ducs de Château-Thierry et de Caderousse, le comte de Saint-Paul, le prince de Neuchâtel, à peine âgé de dix-sept ans, le marquis de Villemaur, les seigneurs de Créqui, d'Aubusson, de la Mothe-Fénelon et de Montmorin* ». L'année suivante, en 1669, sa clairvoyance sauve les contingents français commandés par Noailles, qui, surpris par l'explosion d'un baril de poudre, eussent été anéantis, car les Turcs tuèrent cinq cents d'entre eux, parmi lesquels Beaufort. Pourtant vingt-cinq ans de guerre et d'héroïsme ne purent conserver Candie à la République : la décadente Venise voyait sa gloire passer

« *al tramonto* ». Seul, tant qu'il vécut, par sa renommée toujours croissante, la largeur de ses conceptions stratégiques, son ascendant sur le peuple et
sur l'armée, la vénération qu'il inspirait même à ses
pairs, — François Morosini, le plus pur, le plus
accompli des patriotes désintéressés, sut maintenir
la glorieuse réputation de *la Dominante*. Il était le
seul à comprendre alors, — et en cela devançait son
temps, — que l'avenir de la République vénitienne —
aujourd'hui nous dirions de l'Italie entière — n'est
pas dans un Orient lointain plus ou moins chimérique — mais tout simplement sur l'Adriatique.

*
* *

Toujours ouverte, notre grande fenêtre de la riva
Schiavoni d'où notre vue plonge sur la lagune, San-
Giorgio, la Giudecca et la Salute, est un appel constant, quelque chose comme une brèche taillée dans
l'infini. La vision historique y prend une singulière
acuité, tandis que je glane des détails dans l'histoire
de Musatti et Molmenti.

« *Le Morosini s'embarqua le 8 juin 1684, sur une
galère bâtarde, qui vint le recevoir à San-Giorgio
Maggiore, d'où il fut accompagné jusqu'au Lido par
un imposant cortège de patriciens et de gens du peuple qui voulaient, par une démonstration solennelle,
honorer et acclamer encore le condottière aimé et valeureux. Il côtoya la Dalmatie pour y recueillir des
soldats, et c'est à Corfou qu'il débarqua.* »
Le cadre n'a pas changé : Le rose campanile de
San-Giorgio dominant la blanche façade palladienne,
jeune éternellement et baigné par la douceur du
soleil automnal dans la caresse du matin, pique

toujours sa note printanière sur la moire des eaux.
Les *pali* continuent à signaler les bancs de sable, et
la route que suivit le glorieux guerrier, nous la
voyons sous nos yeux, belle traînée d'un bleu sombre sur la lagune perse ; la grande galère contour-
nait San-Lazzaro et venait accoster, après avoir dé-
crit une large courbe, à ce Lido profané dont un
léger brouillard masque à ma vue les « palaces » et
les affreux gratte-ciel. Et par une association d'idées
bien naturelle, ma pensée court du Péloponésiaque
au moderne condottière, seigneur de Fiume et prince
de Monte-Nevoso, qui, par la puissance du Verbe, et
l'audace héroïque de l'Action, — par le Feu, par
l'Air et par l'Eau, — proclama les aspirations de
l'Italie Nouvelle et fut, envers et contre tous, glo-
rieusement banni ou vénéré des foules, le Champion
de la Patrie. Je songe aux heures de douleur et d'angoisse qu'il dut vivre en cette Venise, alors qu'il écrivait les incomparables pages de « Notturno », sans
savoir si jamais ses yeux reverraient la lumière du
jour... Je songe à l'Ode à la « Résurrection Latine »
à l'offrande d'amour qu'il fit à la France... Et je ne
puis pas croire que l'avenir de nos deux pays ne sera
pas très lumineux et très doux, dans la réalisation
des aspirations communes, car le Prophète est avec
nous.

*
* *

Le fer des gondoles brille comme des armures...
Tyrannique, le Morosini me rappelle à lui. Je le vois
poursuivant sa glorieuse carrière, chassant les Turcs,
en 1687, de Patras et de la Morée. Et, fait unique
dans les Annales vénitiennes, l'impassible Sénat

décide immédiatement d'ériger l'effigie de bronze du grand capitaine dans la Salle du Conseil des Dix. Ce buste, laissé en 1817, par le gouvernement autrichien à la comtesse Morosini Gatteburg, puis à sa fille Loredana, qui occupait le palais voisin de San-Stefano, fut restitué à la ville en 1890, alors que les portraits de famille et les souvenirs historiques furent recueillis au Musée Civique... Quant aux meubles, joyaux et dentelles, ils furent dispersés et vendus aux enchères en 1894.

Jamais condottière chéri d'un état florissant ne fut plus honoré que Francesco Morosini. A la mort du Doge Marc-Antonio Giustiniani, aucun concurrent ne s'étant présenté, c'est à l'unanimité qu'il fut désigné pour lui succéder « *la gratitude publique obligeant chacun à s'incliner devant son mérite* ». Mais, toujours pratique, le gouvernement de la Sérénissime, ne voulant pas priver la patrie de ses services, décida qu'il resterait en Morée ; son couronnement n'eut lieu que l'année suivante, alors que les infirmités contractées aux armées le contraignirent à demander au Sénat l'autorisation de céder le commandement à Girolamo Cornaro. Son retour fut triomphal. Le Bucentaure vint le chercher au Lido, et c'est dans le fracas des salves d'artillerie rythmant les acclamations qu'il fut conduit à San-Marco et couronné. Mais la guerre voulait son Héros et l'arracha une fois encore à la cité. Le vainqueur des Dalmates, Girolamo Cornaro, étant mort à Valona, le Grand Conseil et le Sénat, craignant une nouvelle attaque des Turcs, prièrent le Doge de reprendre une fois encore le commandement.

Le 26 mai 1693, en grand manteau de brocart d'or, le Capitaine général entendit la traditionnelle messe

basse dans l'Eglise ducale de San-Marco, suivi d'un
pompeux cortège. Il fit le tour de la Piazza, où la
foule bruissait, pareille aux vagues de la mer ; la
fine fleur de toute l'Italie était venue le saluer. Le
Doge avait soixante-quatre ans, et les dernières cam-
pagnes avaient sérieusement ébranlé sa santé ; mais
Venise commandait, son *Chevalier* ne pouvait qu'o-
béir. Le lendemain, il sortit du palais ducal pour
traverser la Piazzetta : une fois encore le Bucentaure
l'accueillit pour le déposer au Lido. Alors il fit une
courte prière à San-Niccolo, et, longuement, regarda
cette Venise qu'il avait tant servie — et qu'il ne devait plus revoir. Le 6 janvier 1694, il mourait à
Nauplie où son cœur fut déposé, tandis que son corps
embaumé regagnait la Sérénissime, pour reposer sous
la belle dalle de bronze de San-Stefano. Le Sénat
tint à l'honorer une fois encore, en élevant à sa mémoire un grand arc de marbre dans la salle du
scrutin.

*
* *

Le Musée Civique a religieusement conservé les
souvenirs relatifs au dernier des grands condottières.
Vingt-huit panneaux peints célèbrent ses victoires, et
leurs inscriptions se lisent comme d'harmonieuses
litanies de la gloire vénitienne. Une vitrine a réuni
ses brevets, ses parchemins, et la toge vénérable dont
les rapiéçages nombreux attestent les longs états de
service. Dans une autre salle sont groupés les éten-
dards pris aux Turcs, des armures et des trophées
orientaux, une reproduction du bronze érigé au
palais ducal, et deux grands portraits dont l'un semble sourire aux deux belles statues grecques drapées
qui veillent sur la mémoire du Péloponésiaque.

Le corno ducal, le bâton de commandement, l'épée longue à la garde finement ciselée, sont posés sur un coussin. Et près du prie-Dieu richement décoré, le livre d'Heures, très petit, presque un de ces coquets missels de femme qui semblent évoquer « *l'âme d'un parfum et l'ombre d'un rêve* ». C'est non seulement l'Homme, mais toute une époque qui nous est révélée par ce livre minuscule, dont les dernières pages masquent, enchâssé dans la forte reliure, un très délicat, mais très sûr revolver : l'œil aigu du Morosini qui, tout en lisant l'office, avait l'oreille au guet, le doigt sur la gâchette, me rappelle une fois encore l'œil aigu du grand Cardinal qui, sous le manteau de l'Eglise, n'hésitait pas à manier l'épée, et faisait sonner ses éperons sur la digue de La Rochelle.

Une rose d'or, offerte par le Pape à la Dogaresse Morosini Grimani, épanouit ses pétales patinés par le temps... Elle dit, cette rose, combien le dur gouvernement vénitien finissait par prendre ombrage des honneurs accordés personnellement à ses plus hauts représentants, puisqu'elle fut brutalement réclamée par le Sénat lorsque mourut la Dogaresse... Venise n'était plus assez forte pour n'être pas jalouse de ses Héros.

Les éclats de rire du Carnaval devaient bientôt convrir le retentissement glorieux des canons de Lépante et des Dardanelles. La gloire de François Morosini n'en est que plus grande, d'avoir par la seule force de son génie personnel, de son intégrité, de sa haute valeur morale, arrêté les rayons du soleil sur le point de sombrer. Ses boulets, dit-on, causèrent la destruction partielle du Parthénon, lorsqu'il entreprit le siège d'Athènes en 1687 : la vraie cause de l'irréparable vandalisme n'est-elle pas plutôt dans l'incurie

ou la malveillance des Turcs, qui avaient transformé
en poudrière le temple d'Athéna? Quoi qu'il en soit,
François Morosini est un de ces hommes qui s'im-
posèrent à leur temps par leur haute moralité, la
conscience très claire qu'ils eurent des devoirs de
leur fonction et de leurs responsabilités. De tels
capitaines font la gloire d'une cité, même décadente,
et les espoirs les plus hauts sont permis au peuple
qui s'enorgueillit, selon la belle phrase de M. Musatti
« *de sentir planer sur lui l'esprit immortel d'un
homme qui se montra supérieur, chaque fois que furent en question l'honneur et les destins de la Patrie* ».

Environs de Naples : POMPÉI.

CHAPITRE VII

« DEUX SICILES »

Sur le Tombeau de la Sirène

Ne pouvant supporter le dédain du beau chef grec, l'inconsolable Parthénopé vint mourir sur la grève, tandis que les compagnons d'Ulysse cédaient aux enchantements de Circé. Le sein parfumé du golfe tyrrhénien semble exhaler la plainte de la petite sirène morte d'amour, et Circé n'obtient guère nos sympathies : il y a des victoires qui tuent, et des défaites qui donnent l'immortalité.

« *Voir Naples, et puis mourir* ». N'en déplaise à l'orgueil napolitain, le golfe lacté, vrai ceste de Vénus, ne me laisse pas oublier la lumière vénitienne, ni l'harmonie florentine, ni la réconfortante puissance romaine. L'incomparable courbe de la baie fait de Naples une des perles de l'Italie, mais ses nobles sœurs ne sont pas éclipsées.

De notre balcon dominant le largo della Vittoria, je vois chaque matin, vers Misène où Enée recueillit les cendres de l'écuyer d'Hector, s'élever des brumes nacrées. Au-delà, je devine la mer Morte où s'abritaient les trirèmes, les galères liburnes, les bâtiments à éperons. Cette voile lointaine que dore le levant me semble le vaisseau amiral au drapeau de pourpre. Là s'éleva la villa de César, où vécut Octavie, — et celle de Néron, où périt Agrippine, — et celle de Lucullus où mourut Tibère en vue de sa chère Capri. La ligne souple du Pausilippe, qui monte insensiblement jusqu'à la masse du château Saint-Elme, me cache Baïa la voluptueuse où Boccace conduisit Fiammetta,— et le Lucrin au long duquel Hercule poussa les bœufs de Géryon, — et le sombre Averne où rêve la Sybille à la porte de l'empire d'Hécate. Et chaque soir je vois le soleil sombrer derrière les palmiers de la Villa Nazionale, vers Pouzzoles où la solfatare béante répond au souffle tranquille du Vésuve. Je relève ces minutes radieuses du contraste des excursions dans le bas-port, ou vers Pizzofalcone, où l'on doit faire appel à tout son courage pour braver des contacts douteux et des relents nauséabonds. A côté de la nature bienveillante et féconde se dresse le pire ennemi de l'homme : l'homme.

Ce soir, la mer est calme comme un miroir. A ma gauche, ponctuant la ligne du Pausilippe, Nisida veille, toute dorée, comme lorsqu'elle accueillit Brutus sanglant. Sur la crête s'élevait l'Ammœmus, le « *Sans Souci* » de Vedius Pollion qui engraissait des murênes aux piscines de Marechiaro. Un jour, devant Auguste, il fit jeter à ces fameux poissons un esclave qui venait de briser une coupe. « *Rien de plus précieux qu'une vie humaine* » dit l'empereur, qui libéra l'esclave et fit détruire toutes les verreries de Pollion. Cette crête du Pausilippe fut creusée, par Agrippa, d'un tunnel de 900 mètres, à l'entrée duquel est le columbarium qui abrita le corps de Virgile. Légende sans doute, mais séduisante et féconde : là vint l'apôtre Paul, pour ravir le livre des « *Révélations* » que le poète gardait sur les genoux ; la torche s'étant éteinte, Paul dut s'en retourner les mains vides. Là vint aussi Saint Pierre, et Dante qui méditait la *Commedia*, et Pétrarque

qui planta un laurier et inscrivit le nom de Laure,
et Boccace qui trouva là sa vocation. Lorsqu'un
Anglais lui demanda les os de Virgile, Robert
d'Anjou emporta l'urne pour la cacher au château de
l'Œuf.

Et les légendes fleurirent de plus belle : Virgile
l'enchanteur devint le Palladium de la cité. Klingsor
est son neveu et Merlin son élève. Sur le mont Vergine, il construisit une caverne où il enferma tous
les génies malfaisants, s'en servant pour leur faire
construire la voie Appienne. Il cultivait des herbes
merveilleuses qui rendaient la vue aux brebis aveugles, et il avait fondu un cavalier de bronze dont la
trompe refoulait les fumées du Vésuve. Un tel génie
ne pouvait pas mourir : Virgile dort au château de
l'Œuf. Certains disent qu'il se fit mettre en un ton-
neau où son valet venait chaque soir charger la
lampe et devait l'arroser neuf jours durant, pour
lui donner la jeunesse éternelle. La sollicitude
inquiète d'Auguste, qui vint le voir le septième
jour, empêcha la résurrection. Ce sont là contes de
sceptiques qui veulent soumettre les héros à la loi
commune ; ils ne meurent pas et leur âme unique
passe de Virgile à Dante, à Garibaldi, à d'Annunzio.

Paleopolis, Neapolis, la cité grecque, fière de ses
origines, ne reçut pas l'empreinte romaine. Belle
proie toujours convoitée, sarrasine, normande, ange-
vine, aragonaise, sa personnalité ne s'affirma jamais.
Femme par sa grâce, elle ne fut pas de celles qui
savent choisir leur maître ; elle ne fut que la courtisane qui s'abandonne au plus puissant. Du belvé-
dère dominant tout le golfe, de Capri à Ischia, les
Chartreux de San-Martino ont vu défiler Robert
l'Angevin, Alphonse le Magnanime, Charles VIII et

Louis XII, Pedro d'Aragon, Arcos et Masaniello, les
Bourbons et les chemises rouges. Le musée qui fut
installé dans les locaux du couvent garde quelque
chose de cette parfaite impartialité. Dans la même
salle, la peu sympathique Marie-Caroline plisse
sa lippe autrichienne, et son digne époux, Ferdinand Ier, allonge son nez immense vers la noble
figure de notre Joachim Murat.

Paleolopis, Neapolis, tombeau de la Sirène! Pendant l'épopée des Mille, elle attendit tranquillement,
sans désir, comme sans crainte. Mais quand parut
le chef à la figure léonine, le conquérant qui prenait
des terres pour avoir le plaisir de les donner à son
roi, Naples ouvrit les bras, subjuguée, l'accueillant
comme un Christ des temps nouveaux.

En Sicile : MONTE SAN-GIULIANO.

En rêvant à la Sicile

... « Agrigente n'est plus qu'une ombre, et Syracuse
Dort sous le bleu linceul de son ciel indulgent ».
J.-M. de HÉRÉDIA.

Les doux vers chantent en la mémoire, et les vieilles
légendes se lèvent une à une, comme de belles endormies qui reposent au fond de l'âme, et qu'un mot suffit
à éveiller. — Le vieil Etna grondant, Polyphème en
fureur, sourcil froncé, guette toujours les blanches
Galathées endormies à ses pieds, et qu'un Acis
radieux enchante et berce amoureusement. — Eri-
gone rit toujours en pressant les grappes dans la
coupe des modernes Théocrites. — Entre Charybde
et Scylla errent toujours les esquifs, et sur les âpres
rocs vient mourir en chantant la douce mer de Sicile.
Bientôt ces visions exquises seront pour moi des réalités ; bientôt, dans quelques jours, je retrouverai
mon vrai moi : un peu de poussière qui tourbillonne,
ivre d'infini, à la recherche d'un peu de poussière
qui ne tourbillonne plus.

Et, pour la première fois, peut-être, je trouve en
défaut mon poète préféré :

« *Tour à tour Aréthuse, esclave ou favorite,*
A mêlé en sa veine où le sang grec s'irrite
La fureur sarrasine à l'orgueil angevin. »...

Jadis j'aimais cette « *fureur sarrasine* » et cet
« *orgueil angevin* ». J'y voyais toute l'histoire d'une
noble terre, esquissée en quelques lignes. Mais pourquoi le grand ciseleur de sonnets, dont la précision
est partout si remarquable, omet-il ici une des plus
glorieuses pages de l'histoire de Sicile ? Pourquoi le
barde qui chanta les Conquérants de l'or n'a-t-il pas
un mot pour les douze fils de Tancrède, la belle race
aux cheveux de soleil qui sut conquérir, puis gouverner l'île pendant plus d'un siècle, et laissa l'empreinte ineffaçable de son génie sur les arts et la civilisation de toute l'Italie méridionale ?

Et plus haut que François Pizarre qui fixait le
soleil de son œil de gerfaut, je place le héros de
lumière qui fixait la terre pour se laisser prendre à
son charme, après en avoir dompté les habitants.
Quelle épopée merveilleuse, et malheureusement
trop peu connue ! Quand le frère de Guiscard, le
noble Roger, eut reçu l'investiture pontificale pour
les terres « *acquises et à acquérir* », quand il eut pris
le titre inusité de grand-comte de Sicile, il jeta les
yeux sur sa belle conquête et se sentit tout à coup
très humain. Il vit des Grecs, au génie souple et subtil, pratiquant le culte orthodoxe. Il vit des Arabes, qui faisaient fleurir les arts ; et il amenait ses
braves et rudes Latins. Mais il vit surtout que la
terre était belle, fertile et fleurie, parfumée comme
un jardin et que tous l'aimaient. Alors il dit aux
Arabes : « *Gardez vos mosquées, venez prier à l'ombre des portiques, au frisson des fontaines, et conti-
nuez à élever vos minarets.* » Alors il dit aux Grecs :
*Gardez vos coutumes et vénérez vos icones au fond des
basiliques à mosaïque d'or.* » Puis il dit aux Latins :
« *Et vous, bâtissez des sanctuaires en l'honneur du*

*Rédempteur, joignez l'arabesque à la mosaïque byzan-
tine, mais gardez l'ombre et la paix des absides occi-
dentales. »*

Et sous le ciel indulgent de Sicile, en plein moyen-
âge, on vit ce miracle s'accomplir : Un conquérant
du XIe siècle, Roger le grand-comte, pratiquait la
tolérance, avant même que l'idée de tolérance
existât.

La Conque d'Or

Si la conque du rivage ligure fait penser à celle où Vénus naissante vint poser son pied blanc, la *Conca d'oro* sicilienne évoque plutôt Cérès jetant à profusion les trésors de sa corne d'abondance.

Géraniums échevelés et fulgurants, lauriers aux bouquets odorants, ourlent des vergers où les ballons vernissés des oranges et des citrons rutilent entre les feuilles d'un vert sombre ou jaunâtre. De grands poivriers aux longues grappes souples font des grâces devant des caoutchoucs massifs ; dahlias sombres et raidés zinnias se cachent sous les palmes onduleuses, massés autour des troncs chevelus. Et, se mêlant à toute cette grâce puissante et riche, comme l'envie couvant auprès de la tendresse et de la beauté, se dressent, menaçantes, les pointes rudes de l'aloès, les grosses feuilles méchantes des cactus ; — plantes monstrueuses, fleurs de haine et de violence, évoquant Apollon Sauroctone auprès du Musagète et du Citharède.

Mais la plus belle fleur de Monreale, celle dont jamais on ne saurait se lasser de contempler la beauté

des formes riches et sobres, le coloris somptueux et
délicat, c'est l'incomparable Dôme.

*
* *

J'ai vu Saint-Marc de Venise, rutilant sous l'arcade byzantine, et scintillant d'émaux. Mes yeux ont
contemplé ce miracle de la lumière emprisonnée au
tombeau de Galla-Placidia, si sombre lorsqu'on y
pénètre — tout embrasé dès qu'on y reste quelques
instants. — A San-Vitale de Ravenne, j'ai relu le
chant de Justinien, devant l'incomparable mosaïque
de Théodora. — A Sant'Apollinare j'ai vu les Anges
aux ailes chatoyantes, et les théories de saints pensifs — et les saintes exquises agitant des palmes. —
J'ai joui de la fête de la lumière chaque fois que la
Magicienne a bien voulu me convier...

Et si précieuses que furent les impressions ressenties, jamais elles n'égalèrent pour moi par la grandeur, l'intensité, je ne sais quel charme pénétrant,
l'émotion que j'éprouvai chaque jour en visitant le
Dôme de Monreale.

Les panneaux de marbre blanc des parois, entourés
de mosaïques étroites à dessins géométriques, la
beauté classique des colonnes de granit gris surmontées de beaux chapiteaux antiques, font paraître
plus resplendissant encore le revêtement supérieur
de la nef et du chœur, en mosaïques aux dessins
ingénus, comme des enluminures de missel. — Scènes de la Bible et du Nouveau Testament se déroulent, sobres et savoureuses. Les personnages ont une
naïveté, une gaucherie charmantes, bien plus émouvantes que la perfection achevée des mosaïques de
Saint-Pierre de Rome reproduisant la Transfigura-

tion ou la dernière Communion de Saint Jérôme.
L'art du mosaïste éveille d'autant plus l'émotion qu'il
est plus rudimentaire, et qu'il est œuvre de coloriste,
bien plus que de dessinateur.

Au sommet du sanctuaire, le grand Christ Pantocrator est représenté à mi-corps. « *Dieu terrible,
Dieu menaçant* » avais-je lu en plus d'un livre. Je ne
l'ai pas trouvé tel, mais simplement Dieu de Jus-
tice, à la fois serein et douloureux. Son doigt levé
mesure, paraît-il, un mètre. Que m'importe ? Il ne
me paraît pas colossal, mais seulement grand, comme
il convient au maître de toute chose, qui domine et
régit tout en sa grande maison. — Quoi que l'on
regarde, les yeux reviennent fatalement à ces grands
yeux sombres qui semblent tout voir, sonder les
recoins les plus profonds de la cathédrale et du cœur
humain, et qui, s'ils émeuvent les âmes troubles, ne
doivent pas effrayer les honnêtes gens. Perdez-vous
au détail d'une arabesque ou d'un bronze ciselé,
admirez une voûte arabe ou ogivale, le regard revient
toujours à ce regard pénétrant ; et les grands yeux
sombres ne semblent pas vous reprocher de vous dé-
tourner d'eux, mais disent tout simplement : « *Au
fond de toute chose profonde, et sincère, et désintéressée, c'est moi que tu trouveras — et c'est vers moi que
tu vas lorsque tu cherches la Beauté.*

Entourée d'anges et de saints, la Vierge est assise,
tenant l'Enfant sur ses genoux. Elle est toute petite,
en comparaison du grand Pantocrator, toute petite
comme il convient à celle qui est toute grâce et toute
douceur, aux pieds de la Toute-Puissance ; — à celle
dont l'œuvre s'élabore dans le silence et la méditation, dont la bonté rayonne subtile et fluide comme
le souffle de la brise et le parfum des fleurs, d'autant

plus puissante qu'elle s'efface davantage. Et cette opposition entre ces deux figures a quelque chose de grandiose et de séduisant.

De chaque côté du sanctuaire s'élève un trône : celui de droite est recouvert de somptueux tissus, c'est celui de l'Archevêque. Celui de gauche, aux lions de marbre blanc finement sculptés, c'est le trône royal. Là s'assit Guillaume II, le dernier roi de la dynastie normande, le fondateur du Dôme, à qui la Vierge apparut, lui révélant la présence d'un trésor caché par son père, trésor qui lui servit à élever l'abbaye bénédictine voisine, — l'homme enfin qui repose dans un blanc sarcophage à sculptures mièvres sur fond d'or, élevé quatre siècles après sa mort par le cardinal della Torre.

A côté de ce sarcophage, il en est un autre, tout saisissant de grandeur simple ; l'urne de porphyre grenat, aux flancs incurvés comme ceux d'un vaisseau, est surmontée d'un couvercle de coupe triangulaire. Si le personnage qui repose en ce tombeau est le peu sympathique Guillaume le Mauvais, sa sépulture, belle et simple, n'en évoque pas moins cette vaillante et intelligente dynastie normande, la seule qui sut régner, gouverner et faire prospérer les états qu'elle avait conquis, alors que toute l'Italie vivait dans le chaos des luttes entre les papes, les empereurs, et les tyrans locaux.

Et devant les deux mosaïques représentant Guillaume le Bon couronné par le Christ, offrant à la vierge le Dôme de Monreale, il est piquant d'évoquer leur ancêtre, le grand comte Roger qui, lorsqu'il assiégeait Palerme, envoyait dans la ville des hérauts pour annoncer aux Arabes qu'il leur laissait la liberté religieuse. — Cœur vaillant et bras solide, esprit large, plus prompt à jouir de toute chose bonne qu'à imposer étroitement et systématiquement son genre de vie et sa pensée, belles qualités qui fleurirent sous le ciel généreux de la Sicile, comme les souples lauriers ou les géraniums aux massifs exubérants, et dotèrent l'Ile du soleil d'une floraison artistique unique au monde.

CLOITRE DE MONREALE

Fontaine arabe.

Au murmure d'une fontaine arabe

Tout ce que l'art peut concevoir de plus raffiné quant à l'élégance des formes, l'éclat du coloris, la délicatesse de l'ornementation ; — tout ce que la nature peut créer de plus somptueusement décoratif, de plus délicieusement séduisant, dans l'enivrement des aromes et la fantaisie voluptueuse des enlacements ; — toute ivresse et toute sérénité, toute grâce et toute splendeur, toute passion, toute prière, au chant berceur d'une fontaine, dans le chatoiement des mosaïques, dans le miroitement des marbres polis..... Les mots ne sauraient décrire ce cloître exquis de Monreale, pas plus qu'ils ne sauraient en analyser la troublante magie.

Deux à deux, les belles colonnes géminées déroulent une longue théorie autour du jardin carré, où le rouge des hibiscus et les grappes roses des poivriers frémissent et s'enflamment, entre les feuilles métalliques des aloès et les piquants hargneux des cactus. Elles chantent, les deux cent seize colonnes, le plus bel hymne qui fut jamais chanté : l'hymne à la divine lumière, radieusement captive en ce jardin sacré, tout imprégné de parfums. Je sais qu'un jour viendra où je devrai, un par un, étudier les chapiteaux, mais aujourd'hui je n'ai point l'âme prête à l'analyse : on ne dissèque pas ce qu'on aime, et je me laisse aller à l'amour de la beauté, de tout mon cœur. Animaux fantastiques ou visages de Madones, masques de démons ou belles figures angéliques, chefs royaux, têtes mitrées, arabesques, entrelacs, gerbes ou volutes, couronnent les chapiteaux, tandis que l'azur, l'or, l'ivoire ou la pourpre des délicates mosaïques égrènent un scintillant chapelet tout au long du fût de colonne. Epaisses, des ombres s'allongent vers le sol ; de grandes arches lumineuses viennent s'y creuser, et, palpitante, la chaude lumière semble faire glisser sous les voûtes des ombres de cuculles....

Et la délicieuse fontaine arabe susurre une éternelle chanson, l'hymne discret de toute cette beauté souverainement distinguée. La grande vasque, où pleurent des gouttelettes, se ride imperceptiblement de tout petits festons vite effacés.... On dirait que toutes les passions qui sont venues chercher le calme et l'oubli entre ces arcades ont laissé flotter « *l'âme de leur parfum, et l'ombre de leur rêve.* » Ce n'est pas mon âme que je sens en moi, mais toutes celles des êtres qui vinrent ici, pendant des siècles, pleurer, prier, aimer, se complaire en leur douleur, ou chercher le baume de l'oubli. Dans la griserie des aromes, la splendeur de la lumière, la richesse des trésors artistiques, cet angle ombreux où chante la fontaine de Monreale a quelque chose de sereinement reposant dont mon cœur gardera le souvenir. Jamais avec plus de sincérité, de passion profonde, d'élan spontané, ne me revint à la mémoire la célèbre pensée : « *Il est des lieux si beaux qu'on voudrait les presser sur son cœur.* »

* *

Les Normands avaient su se faire aimer en Sicile :
les femmes du harem du roi Guillaume parcoururent
Palerme pendant trois jours, échevelées et pleurant
la mort de leur maître. Quant à la maison d'Anjou,
elle se fit détester. Il ne faut pas voir dans les Vêpres
Siciliennes l'explosion d'une haine de race, mais
seulement la vengeance d'un peuple opprimé contre
les avides serviteurs d'un souverain exécrable, qui
songeait à gaver ses courtisans plutôt qu'à gouverner
ses sujets, l'ambitieux et cruel Charles d'Anjou,
l'homme dont le long nez fait penser à celui du
lugubre Ferdinand de Bourbon. — Les longs nez
furent-ils toujours néfastes à l'Italie ?

Que tous les Français qui passent à Palerme
viennent s'incliner à Santa-Croce de' Vespri. — Mais
en même temps qu'ils évoqueront le souvenir tragique d'un massacre, malheureusement trop justifié,
qu'ils songent avec émotion que la dépouille du meilleur des rois reposa pendant plusieurs siècles à Monreale, au retour de Tunis — qu'ils évoquent le glorieux souvenir des Mille qui débarquèrent à Marsala,
conduits par Garibaldi, et parmi lesquels il y avait des
Français — et qu'ils donnent un souvenir ému au
vaillant fils de France qui mourut à Palerme
en 1897, à deux pas de la chapelle palatine, sous les
ombrages de la Villa d'Aumale.

Trois fleurs de lys parmi les cactus

Du haut des trois cents mètres où Monreale rit au soleil entre ses cactus et ses géraniums rouges, Palerme, toute dorée, semble vraiment royale. Entre la grande ville et la petite cité qui se glorifie de posséder un incomparable Dôme, la Conca d'Oro étale, sur une pente de six kilomètres, ses plantations d'orangers et de citronniers qu'ourlent, hargneux et pittoresques, les longs dards menaçants des aloès. Et la douce mer Tyrrhénienne festonne des baies d'azur entre les maisons roses.

La beauté calme et puissante de ce site merveilleux enchanta les arabes. Mohamed Ibn Djobair comparait Palerme à Cordoue : « *La cité est admirablement bâtie, tout en pierre bien taillée. Aux environs, les palais royaux l'entourent, comme un collier posé sur le cou pur et rond d'une jeune fille.* »

De ce collier posé autour de l'antique cité, détachons une perle : la villa d'Aumale. Il ne faut chercher ici ni architecture grandiose, ni richesse artistique. C'est purement une villa, une habitation grande et modeste, construite en un joli site, et dont la végétation constitue l'agrément principal. Les amateurs de jardins anglais et de parcs à la Lenôtre goûtent sans doute fort peu les massifs de yuccas et de bambous échevelés, les terrasses fantaisistes où les lézards font des courses folles au long des lourds manteaux de lierre, tout le charme imprévu et quelque peu sauvage d'une semblable villa. — Pour ma part j'y ai passé quelques heures exquises, trouvant le souvenir du Français de grand cœur et de goût délicat qui mourut là, voici vingt-six ans, en cette propriété qui fut celle de sa mère et de sa femme : le duc d'Aumale.

Bien des fois j'avais évoqué, à Chantilly, la silhouette martiale et fine du prince, du grand seigneur héritier des Condés, parmi ses collections précieuses, en sa bibliothèque demeurée si impressionnante, dans la glorieuse salle où sa Légion d'honneur repose près de l'épée de la Smalah, et sous les frais ombrages du Pavillon de Sylvie. Il me sembla très bon de retrouver en terre sicilienne cette noble figure, vieillie mais non défaite, d'errer sous ces caoutchoucs gigantesques dont dix ou douze marronniers groupant ensemble leurs troncs donneraient une faible idée, et que le prince avait dû admirer ; de passer, pour gagner les plantations d'*agrumi* chaudes de soleil et parfumées de beaux fruits jaune d'or, sous la voûte onduleuse et odorante des grands lauriers rouges qui lui rappelaient peut-être l'Algérie et les lauriers de ses vingt ans ; de rafraîchir mes mains à ces fontaines susurrantes dont il avait entendu le murmure, de m'asseoir sur ces bancs de pierre moussue où celui qui avait dit à Bazaine : « *Tout n'était pas perdu, Monsieur le Maréchal, puisqu'il restait la France* » devait songer souvent au doux berceau de ses aïeux.

La beauté attire la beauté, comme l'amour attire l'amour. Sous les ombrages de notre riant Valois, j'avais évoqué l'ardente Italie devant la belle Simonetta. Et voici qu'en Sicile ma pensée se reporte, émue, vers notre douce France, parce qu'à la grille d'une villa s'érigent trois fleurs de lis, et qu'à la porte principale j'ai vu deux lettres entrelacées : H. O. Azur pâle de la patrie souriant parmi les aloès et les cactus ! Plus puissant que le souvenir tragique des Vêpres sanglantes, plus haut que l'image détestée de l'ambitieux Anjou, une fleur de France surgit très pure et très douce, en ce descendant de Saint-Louis, Henri d'Orléans, qui sut être plus qu'un paladin : un soldat et un homme de goût.

« In Pace »

Il paraît qu'on ne peut pas visiter Palerme sans aller « Aux Capucins ». Je me rendis donc aux célèbres catacombes, bien que sans enthousiasme, réservant d'habitude ma curiosité pour la beauté plutôt que pour l'étrangeté.

Pauvres guignols ! Combien ne sont que comiques, pour quelques-uns, seulement, lugubres ou tragiques ! Pour certains, les chairs se sont desséchées presque harmonieusement, gardant au masque sa noblesse et sa fierté ; êtres probablement sains de corps et d'esprit, pour qui la mort ne fut pas l'épouvante, mais l'éternel repos. Pour d'autres, que de sinistres dévastations ? Quels sentiments pouvaient éprouver leurs parents et leurs amis lorsque, au sortir de la niche calcaire où le « lapidifique » pétrifiait les chairs, ils venaient habiller l'affreuse carcasse un an après la mort, avant de la suspendre irrévérencieusement comme un mannequin, ou de la coucher sous vitrine, comme une pièce de musée ? Comment garder respectueusement et tendrement la mémoire d'un être que l'on a revu méconnaissable, enlaidi jusqu'à faire naître un sentiment d'horreur et de répulsion ?

Le même souci de représentation à outrance se retrouve au riche « Campo-Santo » dont se glorifie toute grande cité italienne qui se respecte. Le défunt est représenté en marbre ou en granit, avec un réalisme souvent saisissant. On ne lui fait pas plus grâce des phases banales de sa vie quotidienne que d'un pli de sa cravate ou de la coupe de son veston. Des scènes dramatiques se déroulent entre le cyprès romantique et l'urne classique : mères éplorées devant leur enfant sans vie, familles prostrées autour d'un lit de mort. Et sur le devant de la tombe, dans un petit cadre orné de fleurs de métal, la photographie du défunt, souriant d'un air avantageux, qui serait vraiment trop comique s'il n'était touchant...

Et dire que, sous tous ces beaux marbres si riches, si fouillés, il ne reste, uniformément, qu'un peu de poussière ! Combien plus nobles et plus dignes sont les belles dalles de pierre ou de cuivre qui gardent sobrement, qu'elles soient richement ciselées ou non, la seule chose humaine qui puisse être parfois impérissable : un nom.

Étrange culte des morts ! S'obstiner à conserver gauchement ce qui doit disparaître, et par cela même perdre à jamais le souvenir de ce qui est éternel et incorruptible : clarté d'un regard, timbre d'une voix, souplesse d'un geste, grâce d'un sourire, tout ce qui ne vit que par l'âme, et que ne peuvent conserver ni les pétrifications savantes, ni les représentations fastueuses dans le marbre ou sur la toile.

Tandis que nous achevions notre visite, à la suite d'un vieux capucin barbu, j'éprouvais une joie profonde à caresser la petite gardienne des catacombes, une chatte tigrée qui miaulait doucement auprès de nous et que les lugubres galeries ne semblaient nullement effaroucher — un peu de grâce et de vie parmi tant de laideurs.

Au long de la mer Libyque

Face à la mer Libyque, les ruines des beaux temples grecs se dressent, tragiques dans leur solitude.

C'est l'antique Agrigente, collier étincelant aux pentes des collines souples, que domine la Roche d'Athéna, et, sur l'emplacement de l'Acropole, la moderne Girgenti.

C'est la muette Sélinunte, dont les colonnes inclinées semblent de belles pleureuses défilant au long du rivage, ou prosternées aux pieds de la Divinité.

Et plus au Nord, c'est l'austère Ségeste, au cœur des monts arides, tabernacle infrangible tendu vers les Dieux morts.

*
* *

Pauvres ruines solitaires, sous un ciel radieux ! Elles pleurent les fleuves allègres qui serpentaient au pied des collines couronnées d'oliviers ; elles pleurent la malignité des hommes, et l'abandon des Immortels, qui firent des cours d'eau chantants des rivières malsaines aux fiévreuses embouchures, — qui des sanctuaires vénérés n'ont laissé que des pierres

éboulées au choc des tremblements de terre, — et
laissèrent le parasite insolent détacher les revête-
ments et disjoindre les blocs.

Elles rêvent à la gloire des fières colonies grecques,
riches et voluptueuses ; elles se souviennent des
massacres et des luttes fratricides entre cités rivales;
et toutes unissent leur plainte en un même frisson
d'épouvante, lorsqu'elles songent à la reine au génie
destructeur, l'insolente Carthage, et que, chaque
matin, le soleil toujours jeune vient baiser leurs pierres rougies par l'incendie.

Elles rêvent des beaux temples aux colonnes vêtues
de stuc précieux, polies et brillantes comme des
membres de jeunes filles. — Elles rêvent des hautes
frises où, sous les frontons altiers, les métopes dérou-
laient, entre les triglyphes rigides, les phases pittoresques des vieux mythes. Aux vastes péristyles se
pressait la foule, et l'encens des sacrifices parfumait
la cella. Cantiques et lamentations s'exhalaient sous
les voûtes sonores ; l'or et l'ivoire, et les guirlandes
pesantes, resplendissaient autour des simulacres
divins, et les danseuses sacrées frappaient de leurs
pieds nus les beaux marbres polis.

Aujourd'hui, foules et Dieux ont déserté les temples. Mais les voûtes écroulées n'en laissent passer
que plus de soleil entre les colonnes, et c'est le ciel
tout entier qui vient sourire en la cella. Depuis des
siècles, porteuses de corbeilles, prêtres et suppliantes,
sont retournés à leurs aïeux, grains de poussières
amoureux du passé, qui viennent tourbillonner au
long des péristyles, et rêver à ce qui fut.

*
* *

Elles ont tout connu, les pauvres ruines : l'oubli,

plus douloureux que la haine, les injures des peuples
et des temps, la fausse pitié de l'homme qui leur fut,
le plus souvent, la plus cruelle insulte. Des générations passèrent, qui ne surent que détruire. D'autres
crurent bien faire en modifiant ; d'autres, mieux
encore, en reconstruisant. C'est ainsi que l'on vit ce
non-sens d'églises chrétiennes consacrées dans l'enceinte des vieux temples païens, — comme *San-Gre-
gorio-delle-Rape* dans le temple de la *Concorde* à
Girgenti, et *Santa-Maria-dei-Greci* dans la ville nouvelle ; — comme la cathédrale de *Syracuse*, comme
toutes les églises qui avoisinent le *Forum romain*. —
C'est ainsi que notre époque s'efforce de réaliser, à
coups de millions et... d'hypothèses, la touchante
utopie de relever des géants écroulés, comme le
temple d'Hercule à Girgenti. Conception, il est vrai,
plus généreuse que celle de Charles-Quint, obstruant
le port de Marsala pour enrayer les incursions des
pirates, et faisant transporter les pierres de l'Olym-
peion d'Agrigente pour édifier le môle de Porto-
Empedocle...

*
* *

Purs frontons découpant votre triangle altier sur
un ciel immuable ; nobles colonnes, détachant votre
svelte et puissante élégance sur l'horizon aux lignes
souples, blocs terrassés comme des géants vaincus
et mordus par la flamme, soyez-nous l'inoubliable
leçon de tolérance et d'humilité ! La Vérité est bien
plus belle, et plus grande, et plus haute que les faibles cerveaux d'autrefois, d'aujourd'hui — et de tous
les temps — ne peuvent la concevoir. Mais il est un

chemin sur lequel se rencontrent tous les désirs, toutes les aspirations des êtres de bonne volonté de tous les siècles, de toutes les races, et de toutes les confessions : la route qui mène à la Beauté.

THÉATRE ANTIQUE DE TAORMINA

Taormina

Te souvient-il, Toi qui, une par une, vis naître
ces pages « Au clair Pays de l'Incanto », — te souvient-il des heures inoubliables passées devant la
mer Lybique, en l'un des plus beaux sites du monde,
parmi les ruines d'un incomparable théâtre ayant
pour toile de fond l'Etna majestueux ? Grand velum
azuré, le ciel éclatant de Sicile nous baignait de sa
lumière si pure, si enveloppante, qu'elle semblait
fluer entre nos doigts. Toute blondie de soleil, une
colonne tronquée s'érigeait sur le calme saphir des
flots, dont l'éclatante lueur de vitrail emplissait la
cavité des arcades, largement ouvertes sur la courbe
du rivage. La masse vigoureuse des figuiers, le pa-
nache d'un aloès, s'enlevaient triomphalement sur
cet océan d'azur, que ponctuait de temps à autre
l'envol soyeux des colombes, se perdant à l'horizon
dans le nuage léger qui s'élevait avec douceur du
cône menaçant.

Belles étaient les minutes, et calmes, et pleines. —
Lentement j'avais gagné les gradins supérieurs, et je
braquais le kodak sur le proscenium où ta robe claire,
parmi les fûts de colonnes renversées, promenait la
grâce d'une mouvante corolle. — Malgré la distance,

notre conversation se poursuivait, tranquille ; point n'était besoin d'élever la voix, ni de prêter l'oreille pour saisir les paroles ailées, si calme était la mer, si limpide l'atmosphère, si parfaites les proportions de l'édifice. Et comme on répète des mots d'amour, pour le plaisir de les sentir effleurer les lèvres, nous nous plaisions à redire, en appuyant fortement sur l' « O », les quatre syllabes harmonieuses par lesquelles les hommes désignent la ville au nom somptueux : « Taormina »

*
* *

Belles étaient les minutes, et calmes, et pleines. Il y a plus de la profondeur d'un théâtre antique pour séparer les deux nations-sœurs : toute la masse des Alpes, et toutes les malveillances, et beaucoup d'indifférence, et quelque nonchalance, et peut-être un peu d'oubli, forment une montagne de malentendus plus hauts que les gradins construits par les ancêtres. Bien folle, la petite voix qui prétendrait se faire entendre d'un bout à l'autre du grand édifice.... Et pourtant.... puisque l'amour est fécond en miracles, puisque la foi renverse les montagnes, j'ai tenu à l'élever, cette faible voix, dans l'espoir que là-bas, outre-monts, il sera d'autres voix pour lui répondre, lorsque si calme sera la mer, si limpide l'atmosphère, si parfait l'édifice de l'amitié franco-italienne, que nous pourrons converser à distance, cœur contre cœur, comme le firent un jour deux fidèles de l'Italie, parmi les ruines de Taormina.

TABLE DES MATIÈRES

Chapitre IV. — « En foulant la poussière où gît l'orgueil romain ».

Chapitre V. — Glanes aux champs de la fantaisie.

Chapitre VI. — Au clapotis des lagunes.

Chapitre VII. — **Deux-Siciles.**

TABLE DES PLANCHES

Poitiers. — Imp. du Poitou, 21, rue de la Marne.